子どもの元気育てる宝塚の学校給食

おいしいレシピ&ストーリー

日本機関紙出版センター／編

読者のみなさんへ
〜なぜこの本を企画したのか

2015年のお盆休みに、兵庫県三田市で料理研究家をしている母（三宅幸子）に「大阪の学校給食はとんでもない。センター給食どころか業者弁当を『ランチボックス』と言い換えて子どもに出している。あんなものを給食というなんて考えられない」という話をしました。母は、地元の小学校の給食を地域の仲間とともに毎月一度試食をするという活動を10年以上しながら三田市のセンター方式の学校給食を自校調理方式にという運動をしています。その母が「今、宝塚市の学校給食がすごいと聞いているから、一度見学でもしてきたら」というのです。

さっそく宝塚市選出の兵庫県会議員であるねりき恵子議員に相談し、教育委員会学事課長（以下、課長）に繋いでいただきました。

まず驚きだったのは、最初の電話で給食の見学とレクチャーをお願いしたところ、「はい、どうぞ、いつでもいいですよ。」と簡単にお受けいただいたことでした。

2015年9月26日、私以外にも給食に関心を持っている方に声をかけ、宝塚市のある中学を訪問し、課長からレクチャーを受け試食をさせていただきました。

対応してくださった課長は冒頭、「こうした視察は大歓迎なんです。来ていただくと緊張感を持って仕事が出来ますから」とおっしゃり、本当に素晴らしいと思いました。まずは宝塚市の学校給食の歴史をお聞きしました。これは本書の66、67頁をご覧ください。宝塚市では1957年小浜小学校が単独で自校調理場方式完全給食を実施。課長は「こだわりは手作りの味です」と。材料は原則国産（野菜、果物はすべて国産）、出汁は化学調味料は使わず、いりこ、削り節、昆布からとり、食品の持つ自然の味を生かすために薄味に仕上げ、フライや天ぷらも冷凍食品ではなく全て給食室で衣を付け、ふりかけもジャムもゼリーも手作り。パンも市販のものとはちがい、添加物および脱脂粉乳も入っていません。さらに当

日朝に焼いてもらっていますと。

　印象的だった言葉は、「よく残量が言われますが、そこを特別気にしている訳ではありません。子どもの好きなものを出すと残量は減りますが、私たちは子どもたちに食べさせたいものを作っています」。食べさせたいものとは「豆、ちりめん、小魚など子どもがふだんたべていないものを使います」と。

　宝塚市の給食レクチャーを受けている途中、給食のいい匂いがしてきました。課長は「この、給食の匂いがね、このいい匂いが自校方式の良さなんです。食べるまでの時間を子どもが感じて、今日の給食なにかなぁ、おなかすいたなぁ、という気持ちがすごく大切なことなんです」と。センター方式やランチボックス方式では絶対に感じることの出来ないものです。

　この日のレクチャーと試食でやっぱり給食は絶対に自校方式じゃないとだめだと思いました。そして、この学校給食がなぜ宝塚市でできるのかを、大阪の、そして全国で運動している方たちに伝えたいと強く思ったのが、この本を作ることになったきっかけです。

　2016年12月22日に中川智子市長にインタビューさせていただいたとき感動したのは「給食はお金にかえられない」とはっきりとおっしゃったこと。子どもたちのためには、財政がどうであろうとやらなければならないことはやるという首長の言葉に心が揺さぶられました。

　いま、国も自治体も「効率化」という名のもとに、本来自治体が果たすべき公共部分をどんどん切り捨てていっています。お金にかえらないもの、それは教育であり、社会保障部分ではないのか、中川市長のおっしゃったことは、学校給食だけでなく、自治体の本来の姿は何かを示唆されたのだと受け止めています。

　多くの方にこの宝塚の学校給食を通して、自治体行政の本来の姿を知って頂ければ幸いです。

　　　　2018年3月10日　　　大阪社会保障推進協議会　事務局長　寺内順子

子どもたちの健やかな成長を
「宝塚の学校給食」出版に寄せて

宝塚市長　中川 智子

　私と宝塚の学校給食のかかわりは、まだ私の2人の子どもが小さかった1985年頃で、もう33年も前のことです。

　ちょうどその頃、「学校給食の合理化通達」が文部省（当時）から出され、それが新聞報道され、子どもたちの学校給食が危ないと思い、主婦3人で「宝塚市学校給食を考える会」を立ち上げました。大切な学校給食を守るという思いで活動をしました。

　時は流れて、2009年春に宝塚市の市長になりました。

　市長になってからは、自校直営調理方式を守り、外部委託であった米飯を自校炊飯方式に転換し、炊き立てのおいしい米飯を食べてもらえるように進めてきました。

　宝塚の学校給食には、熱い思いを持った給食調理員や栄養教諭が、子どもの健やかな成長を第一に考えて取り組んできた歴史があります。

　こうした良き伝統を守りつつ、その意義を保護者や地域にも広げ、宝塚の食育の充実のため、これからも取り組んでまいります。

　この度は、宝塚の学校給食について取り上げていただき、誠にありがとうございます。大変嬉しく、感謝申し上げます。

　現在、宝塚市では、子どもたちが食べている給食を広く知っていただくために、毎年1月に実際に試食していただける学校給食展を開催していますので、ぜひぜひご来訪ください。

　宝塚の学校給食をきっかけに、宝塚のさまざまなことを知っていただければ幸いです。

2018年3月

学校給食で季節を感じる
旬を味わうメニューの紹介

※ ご紹介するレシピの分量、作り方、材料は、現行の学校給食レシピを家庭用にアレンジしたもので、1食分の組み合わせも学校給食と異なります。また、盛り付け、食器等はイメージです。

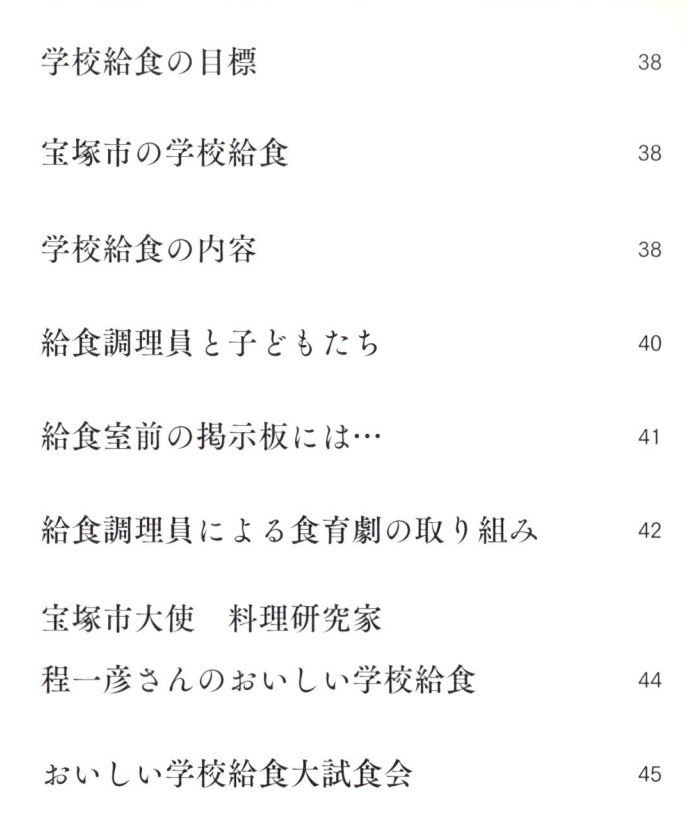

献立の紹介（アラカルト）

※ ご紹介するレシピの分量、作り方、材料は、現行の学校給食レシピを家庭用にアレンジしたものです。盛り付け、食器等はイメージです。

いのち芽吹く春をいただく

あさりのチャウダーと春野菜のサラダ

| エネルギー 865kcal | 蛋白質 26.8g | 脂肪 44.4g | 塩分 3.4g |

| エネルギー 138kcal | 蛋白質 6.8g | 脂肪 7.8g | 塩分 0.2g |

| エネルギー 234kcal | 蛋白質 4.3g | 脂肪 4.9g | 塩分 1.0g |

※盛り付け、食器等はイメージで

あさりのチャウダー

エネルギー 376kcal	蛋白質 12.4g	脂肪 22.5g	塩分 1.7g

材料（4人分）

あさりのむき身	80g
ベーコン	80g
じゃがいも	2個
玉ねぎ	1個
にんじん	1/2本
マッシュルーム缶	20g
油	適量
パセリ	少々
ホワイトルー	
バター	20g
油	大さじ1
小麦粉	大さじ5
牛乳	400CC
塩	少々
こしょう	少々
生クリーム	大さじ1
チキンブイヨン（粉末）	大さじ1
水	3カップ

作り方

① ベーコンは1cm幅、じゃがいもは一口大、たまねぎはくし形、にんじんはいちょう切り、マッシュルームは薄く切る。

② 鍋に油を熱し、ベーコン、にんじん、たまねぎ、じゃがいも、マッシュルームの順に炒め、水とチキンブイヨンを加えて煮る。

③ ホワイトルーを作る。鍋にバターと油を入れて火にかけ、バターが溶けたら小麦粉を加え、弱火で焦がさないように炒める。牛乳を少しずつ加えて、のばしていく。

④ 野菜が柔らかくなったら、あさりを加え、ホワイトルー、塩、こしょうで味をととのえる。

⑤ 生クリームを加え、みじん切りのパセリを加える。

【あさり】

潮干狩りでよく知られているあさりは、昔は全国のどこの浜辺でもたくさん獲れていましたが、最近ではあまり獲れなくなっています。天然物の旬は春と秋ですが、地域によって異なります。あさりにはさまざまな色や形をしたものがあり、これは生息している環境によるものです。一般的には模様が鮮明で殻が薄く、形も少し平らに広がったものがおいしいと言われています。

春野菜のサラダ

エネルギー 117kcal	蛋白質 3.3g	脂肪 9.2g	塩分 0.5g

材料（4人分）

新キャベツ	3枚
グリーンアスパラガス	3本
にんじん	1/5本
ハム	4枚
油	適量（小さじ1/2くらい）
ドレッシング	
酢	大さじ2
油	大さじ2
砂糖	大さじ1
塩	小さじ1
こしょう	少々

作り方

① キャベツは3cm角くらいの色紙切り、グリーンアスパラガスは3cmぐらいの長さに、にんじんはいちょう切りにする。

② ハムは短冊切りにし、フライパンに油をひいて熱し、炒めた後、冷ましておく。

③ 調味料を合わせてドレッシングを作る。

④ ①を熱湯で色よくゆでて冷まし、しっかり水気を切る。

⑤ 野菜とハムを合わせて③のドレッシングであえる。

【春の野菜】

春は「新物」の収穫の季節です。「新たまねぎ」「新キャベツ」「新ごぼう」などは、水分たっぷりでみずみずしく甘みがあり、他の季節よりも一段とおいしくいただけます。

〈夏の郷土料理〉 熱い沖縄を食す

ししジューシーとふイリチーとアーサー汁

※盛り付け、食器等はイメージで

ししジューシー

細切り昆布を使った沖縄県の炊き込みごはん

エネルギー 449kcal ／ 蛋白質 10.6g ／ 脂肪 3.5g ／ 塩分 1.5g

材料（4人分）

米	3合	濃口しょうゆ	小さじ1
豚肉	60g	塩	少々
にんじん	1/3本	酒	4cc
細切りこんぶ	6g	本みりん	
干ししいたけ	3枚		小さじ1.5杯
炒め油	少々	水（干ししいたけ	
薄口しょうゆ	大さじ1	の戻し汁を含む）	
			650cc

作り方

① フライパンに油をひき、豚肉、にんじんを炒める。

② 炊飯器にといだ米と①、調味料、水で戻した干ししいたけ、昆布、水を入れて炊く。

＊土鍋で炊く際には、10分〜15分程度、蒸らすとおいしく食べることができます。

【昆布】

昆布は春から秋にかけて収穫され、乾燥してから出荷されます。そのほとんどが北海道で生産されており、うまみ成分の「グルタミン酸」が多く含まれていて、昔からだし汁をとったり、「昆布巻き」や「塩昆布」などの料理に利用されてきました。また東京湾などの海では、海水をきれいにするために、昆布が役立っています。

アーサー汁

エネルギー 72kcal ／ 蛋白質 5.1g ／ 脂肪 2.5g ／ 塩分 2.1g

材料（4人分）

豆腐	1/2丁
にんじん	1/4本
玉ねぎ	1/2個
あおさのり	10g
ねぎ	1本
みそ	60g
削り節	8g
水	3カップ

作り方

① 削り節でだし汁をとる。

② 豆腐はさいの目に切り、にんじんはいちょう切り、玉ねぎはスライス、ねぎは小口切りにする。

③ だし汁の中ににんじんを入れて火にかけ、玉ねぎも入れて、あくを取る。

④ 豆腐を入れ、みそを溶かし入れる。

⑤ 弱火にし、みそを沸騰させないように注意し、仕上げにあおさのり、ねぎを入れる。

ふイリチー

エネルギー 113kcal ／ 蛋白質 7.1g ／ 脂肪 5.7g ／ 塩分 0.8g

材料（4人分）

くるま麩（輪切り		キャベツ	1/8個
されているもの）		油	適量
	4個	濃口しょうゆ	
卵	1個		大さじ1
豚肉（こま切れ）		塩	適量
	60g	こしょう	適量
にんじん	1/2本	ごま油	小さじ1

作り方

① くるま麩を10分程度水につけて戻した後、固く絞り、2cmほどの大きさにちぎる。

② 卵を溶き、①のくるま麩を入れて浸しておく。

③ にんじんをいちょう切り、キャベツを短冊切りにする。

④ フライパンに油をひき、豚肉を炒める。

⑤ 豚肉に火が通ったら、にんじんを入れる。

⑥ キャベツを入れ、しょうゆを入れる。

⑦ キャベツが少ししんなりしたところで、②の卵とくるま麩を加えて、炒める。

⑧ 全体に火が通ったら、塩とこしょうで味をととのえ、最後に香りづけのごま油を垂らして完成。

力みなぎる夏に味わう

あなごの甘辛煮と赤しそ和えの手巻きごはんともずく汁

エネルギー **484kcal**　蛋白質 **22.9g**　脂肪 **14.8g**　塩分 **3.6g**

エネルギー **267kcal**　蛋白質 **4.6g**　脂肪 **6.7g**　塩分 **0.0g**

※盛り付け、食器等はイメージ

あなごの甘辛煮

エネルギー	蛋白質	脂肪	塩分
121kcal	8.6g	5.9g	1.0g

材料（4人分）

焼きあなご	2枚
砂糖	大さじ1.5
濃口しょうゆ	大さじ1
酒	大さじ1
水	大さじ2

作り方

① 焼きあなごは5mm程度の幅に刻む。

② 砂糖、濃口しょうゆ、酒、水を入れた煮汁を煮立て、あなごを入れて汁気がなくなるまで弱火で煮含める。

③ きゅうりとたくあんを細かい千切りにする。きゅうりは湯通しして、水気を絞り、たくあんとともに、しそ粉末と薄口しょうゆで調味する。

④ 温かいご飯と②や③を、手巻きのりで巻いて食べる。

赤しそ和え

エネルギー	蛋白質	脂肪	塩分
24kcal	0.9g	0.1g	1.4g

材料（4人分）

きゅうり	2本
たくあん	1/2本
しそ粉末	一つまみ
薄口しょうゆ	小さじ1/2

【 あなご 】

播州（姫路）や淡路島の瀬戸内でとれるあなごは、身が厚く味わい深く、兵庫県の特産物となっています。あなごの形はうなぎに似ており、うろこはありません。海底の岩穴や砂の中に体を埋めて生息しているので、「穴子」と呼ばれるようになったそうです。あなごは6月頃に、1年で一番おいしい旬の時期を迎え、かば焼きやお寿司の具としても使われます。良質なたんぱく質とビタミンA、E、Dが豊富に含まれる上、血管の健康に役立つ脂肪酸、動脈硬化やコレステロールを防ぐEPAやDHAを含んでいます。

もずく汁

エネルギー	蛋白質	脂肪	塩分
72kcal	8.8g	2.1g	1.2g

作り方

① 鶏肉、豆腐を適当な大きさに切る。もずくは水で洗ってざるにあげる。

② にんじんはいちょう切り、本しめじは小分けにし、かまぼこは色紙切り、みつばは1cmの長さに切る。

③ だしをとり、鶏肉、にんじんを入れて炊き、豆腐、しめじを入れ、味付けをする。

④ もずく、かまぼこ、みつばを入れて仕上げる。

材料（4人分）

鶏肉	1/2枚	薄口しょうゆ	大さじ1
豆腐	1/4丁	本みりん	小さじ1/2
洗いもずく	1パック (50g)	塩	少々
にんじん	1/3本	だし昆布	5cm角
かまぼこ	1/3枚	削り節	8g
しめじ	1/2株	水	2カップ
みつば	少々		

【 もずく 】

もずくは他の海藻（または石）にくっついて成長するので「藻につく」ということでこの名がついたと言われています。今は、沖縄でロープなどに付けて養殖が行われています。全国に出回っているもずくのほとんどが、沖縄県産です。もずくのぬめりはおなかの働きを活発にしたり、ガンを予防する働きがあります。

暑気払う、夏野菜のやさしさ

ミネストローネとグリーンアスパラガスのごまサラダ

エネルギー	蛋白質	脂肪	塩分
689kcal	23.6g	26.9g	3.0g

エネルギー	蛋白質	脂肪	塩分
138kcal	6.8g	7.8g	0.2g

エネルギー	蛋白質	脂肪	塩分
234kcal	4.3g	4.9g	1.0g

※盛り付け、食器等はイメージ

ミネストローネ

エネルギー 248kcal ／ 蛋白質 7.0g ／ 脂肪 10.5g ／ 塩分 1.4g

材料（4人分）

ベーコン	90g
たまねぎ	1個
じゃがいも	3個
にんじん	1/2個
トマト	1/4個
トマト（水煮）	60g
白いんげん豆	30g
パセリ	少々
炒め用油	適量
チキンブイヨン（顆粒）	小さじ2
ケチャップ	大さじ2と1/2
砂糖	小さじ2
ウスターソース	大さじ1
塩	小さじ1/2
こしょう	少々
水	600cc

作り方

① 白いんげん豆は煮崩れに注意しながら、少し固めにゆでる。

② ベーコンは1cm幅、たまねぎ、じゃがいも、にんじん、トマトは1cm角に切る。パセリはみじん切りにする。

③ 炒め用油でベーコン、たまねぎ、じゃがいも、にんじん、トマトを炒め、水を入れて煮る。トマト（水煮カットしたもの）も入れて煮る。

④ あくを取り、野菜が煮えたら、チキンブイヨン、ケチャップ、砂糖、ウスターソース、塩、こしょうで味付けをする。

⑤ 最後に白いんげん豆を加え、パセリを入れてできあがり。

【トマト】

お店では年中見られますが、夏においしい緑黄色野菜です。夏の暑さで弱った胃を守って、夏バテを防いでくれる働きがあります。体を冷やす作用があるので、夏の暑い時には冷たくしたトマトをおやつ代わりに食べるのもおすすめです。

グリーンアスパラガスのごまサラダ

エネルギー 69kcal ／ 蛋白質 5.5g ／ 脂肪 3.7g ／ 塩分 0.4g

材料（4人分）

グリーンアスパラガス	8本
にんじん	1/4本
ささみ	60g

ごまドレッシング

練りごま	大さじ1
すりごま	大さじ1
酢	大さじ1/2
薄口しょうゆ	大さじ1/2
砂糖	小さじ1弱
ごま油	小さじ1/2

作り方

① アスパラガスは3cmの長さに、にんじんは3cmの短冊切りにし、固めにゆでて冷ましておく。

② ささみは熱湯でゆで、冷ましてからほぐす。

③ ボールに調味料を合わせて、泡立て器ですり混ぜる（泡をたてないように）。

④ ①と②を③のドレッシングで和える。

【グリーンアスパラガス】

たんぱく質が比較的多く、新陳代謝を活発にし、体力回復に効果があるアスパラギン酸を含んでいます。カロテン、ビタミンB2、食物繊維も豊富です。穂先が固くしまっているものを選ぶのがポイントです。冷蔵庫では、濡れた新聞紙などで包んで乾燥を防止し、穂先を上に立てて保存すると長持ちします。

〈地産地消〉西谷 深い秋の恵み

宝塚西谷産さつまいものさつま汁とさんまの蒲焼

| エネルギー 719kcal | 蛋白質 23.6g | 脂肪 32.9g | 塩分 3.0g |

| エネルギー 267kcal | 蛋白質 4.6g | 脂肪 6.7g | 塩分 0.0g |

※盛り付け、食器等はイメージ

宝塚西谷産さつまいものさつま汁

エネルギー	蛋白質	脂肪	塩分
194kcal	9.5g	6.9g	2.4g

作り方

① いりこは頭と腹の部分を取り、30分ぐらい水につける。強火にかけ、沸騰直前に弱火にし10分ほど煮出します。キッチンペーパーなどでこして、だし汁をとる。

② さつまいもは一口大に、にんじん、大根は5㎜くらいのいちょう切り、豚肉は1㎝くらいに切る。うす揚げは1㎝くらいに切り、熱湯をかけて油抜きする。

③ だし汁の中に、豚肉、にんじん、大根などを入れて煮る。次にさつまいも、もやし、うす揚げを加える。

④ 野菜が柔らかくなるまで煮て、みそを溶き入れ、小口切りのねぎを散らす。

材料（4人分）

豚肉（ももかバラ）	100g
うす揚げ	1枚
さつまいも（小）	1個
にんじん	1/2本
もやし	1/3袋
大根	1/8本
ねぎ	2本
みそ	大さじ5
いりこ	一握り
水	500cc

【さつまいも】

さつまいもには食物繊維やビタミンCが多く含まれています。皮の色がきれいで、表面にキズやでこぼこのないものを選びましょう。寒さに弱いので、冷蔵庫での保存には向きません。15℃くらいの涼しい場所で保存しましょう。

さんまの蒲焼
（かばやき）

エネルギー	蛋白質	脂肪	塩分
258kcal	9.5g	19.3g	0.6g

作り方

① さんまは3枚におろすか、開いて頭と内臓、中骨を取る。塩をふっておく。

② でんぷんをまぶし油であげる。

③ 濃口しょうゆ・本みりん・砂糖・水を合わせ、火にかけタレを作る。

④ 揚げたさんまにタレをからめる。

材料（4人分）

さんま（生）	
	2尾（小ぶりな場合は4尾）
塩	少々
でんぷん	適量
揚げ油	適量
濃口しょうゆ	大さじ2
本みりん	大さじ1
砂糖	大さじ1
水	大さじ1

【サンマ】

さんまは100%天然の、すべてが国産という、現在、出回っている魚の中ではめずらしいものです。刀のように反り返ってみえることから「秋刀魚」と書きます。たんぱく質やカルシウム、ビタミンB12などの栄養がたくさん含まれています。

〈地産地消〉冬の滋味を楽しむ

牛肉のしぐれ煮と大根サラダ

エネルギー 526kcal ／ 蛋白質 15.6g ／ 脂肪 22.0g ／ 塩分 2.2g

エネルギー 267kcal ／ 蛋白質 4.6g ／ 脂肪 6.7g ／ 塩分 0.0g

※盛り付け、食器等はイメージで

牛肉のしぐれ煮

エネルギー 184kcal　蛋白質 10.2g　脂肪 9.2g　塩分 1.4g

材料（4人分）

牛肉	200g
酒	大さじ2
糸こんにゃく	1袋
たまねぎ	1/4個
たからづか西谷太ねぎ（または白ねぎ）	3本
しょうが	1片
砂糖	大さじ2
しょうゆ	大さじ2
本みりん	小さじ2
油	適量

作り方

① 牛肉を一口大に切り、酒をふりかけほぐしておく。

② しょうがは千切りにする。糸こんにゃくは水洗いし、さっとゆでてあくを抜く。たからづか西谷太ねぎ（または白ねぎ）は1cm幅の斜め切りにする。

③ 鍋に油を入れて強火にし、しょうが、牛肉を入れてほぐしなから炒める。全体の色が変わったら、たまねぎ、たからづか西谷太ねぎ（または白ねぎ）の白い部分、糸こんにゃくを入れてさらに炒める。

④ たまねぎに火が通ったら、砂糖、しょうゆ、本みりんを入れ、煮立ったら、浮いてきたあくを取り除き、火を弱め中火にする。

⑤ 煮汁が少なくなったら、最後にたからづか西谷太ねぎ（または白ねぎ）の青い部分を加えて、さっと炒め仕上げる。

> 【 たからづか西谷太ねぎ 】
>
> 宝塚市街地より、平均気温が2～3℃低い西谷地域の寒さを活かして栽培されている青い部分も食べられる太ねぎです。霜にあたる12月～2月頃には旬を迎え、甘み・柔らかさがさらに増します。風邪の予防にも良い野菜なのでぜひ一度味わってみてください。ねぎにはビタミンB1の吸収や働きを高め疲労回復効果がありますので、ビタミンB1が多く含まれている豚肉や牛肉と一緒に調理するのがおすすめです。

大根サラダ

エネルギー 75kcal　蛋白質 0.8g　脂肪 6.1g　塩分 0.8g

材料（4人分）

大根（中）	1/3本
塩	小さじ1/3
乾燥カットわかめ	大さじ1～2
かつお節（パック）	1袋
しょうゆ	大さじ1
砂糖	少々
ドレッシング	
油	大さじ2
酢	大さじ1

作り方

① 大根は千切りにして軽く塩をふりかけておく。しばらく置いてから水気をしぼる。

② かつお節はフライパンなどを使い、弱火でから炒りし、細かくしてから砂糖、しょうゆを入れて炒りつけておく。

③ 水で戻したわかめと①、②をドレッシングで和える。

> 【 大根 】
>
> 寒くなると甘みが増す冬大根。根には、加熱に弱いビタミンCや胃腸の消化をよくしてくれる酵素（アミラーゼ）が含まれ、サラダや大根おろしなど生で食べるのが効果的です。煮ることでたっぷり食べることができるので、汁ごと食べるスープや煮物もおすすめです。買うときは、つやのある白色でずっしりと重く、ひげ根の少ないみずみずしいものを選びましょう。

〈冬の郷土料理〉ふるさと兵庫の豊かさ

ばち汁、黒豆ごはん、たからづか西谷太ねぎの甘辛煮、小松菜と白菜のごま和え

エネルギー	蛋白質	脂肪	塩分
456kcal	29.7g	13.8g	5.7g

ばち汁

エネルギー	蛋白質	脂肪	塩分
125kcal	4.6g	2.4g	2.1g

材料（4人分）

そうめんばち	50g
（または、そうめん	1束）
にんじん	1/4本
たまねぎ	中1/2個
じゃがいも	中1個
うすあげ	1枚
干ししいたけ	2枚
かまぼこ	1/4枚
ねぎ	2本
薄口しょうゆ	大さじ1と1/2
塩	少々
だし汁	3カップ

作り方

① にんじん、かまぼこは薄いいちょう切り、たまねぎは薄切り、じゃがいもは1cmの厚さに切る。うすあげは細く切って熱湯をかけて油抜きをする。干ししいたけは戻して千切りにし、ねぎは小口切りにする。

② にんじん、たまねぎ、じゃがいもを順にだし汁に入れて煮る。野菜がやわらかくなったら干ししいたけ、うすあげ、かまぼこも入れる。

③ 煮えたら薄口しょうゆを入れる。ゆでていないそうめんばち（またはそうめん）をパラパラとほぐしながら入れる。味を見て塩を足し、ねぎを入れて仕上げる。

＊そうめんばちに塩分があるため、味をととのえるのはそうめんばちを入れた後にしてください。
＊学校給食では、だし昆布と削り節でだしをとっています。

【ばち汁】

兵庫県の播州地方ではそうめんがたくさん作られています。ばち汁はその地方の郷土料理です。そうめんを作るときに端のほうが固まります。その部分は売り物にならないので、そうめん作りをしている人たちはそこを削って汁の中に入れて食べていました。削った部分が三味線のばちのような形だったのでばち汁と言います。

黒豆ごはん

作り方

① 黒豆は前日から水で戻しておく。

② うるち米は研いでおく。

③ 炊飯器にうるち米、黒豆を入れ、ゆで汁と水で（普通にご飯を炊くように）水加減をし、炊飯して出来上がり。

材料（4人分）

うるち米	3合
黒豆	40g
塩	小さじ1
ゆで汁	適量
水	適量

> **【黒豆】**
>
> 黒豆は大豆の品種の一つで「黒大豆」ともよばれます。皮が黒いのが特徴です。大豆と同じで、体を作るたんぱく質が多く含まれています。兵庫県篠山市のものが全国的にも有名ですが、宝塚市西谷地区でも作られています。

たからづか西谷太ねぎの甘辛煮

作り方

① 鶏肉は一口大に切り、酒をふっておく。

② たからづか西谷太ねぎ（または白ねぎ）は斜め切りにする。

③ 鶏肉を油で炒める。

④ 半量の調味料で味付けする。

⑤ たからづか西谷太ねぎ（または白ねぎ）を加えて炒める。

⑥ 残りの調味料を入れて仕上げる。

＊たからづか西谷太ねぎは青い部分もやわらかくおいしく食べられる太ねぎです。水分が出てトロトロになるまで煮込むと美味しいですが、太ねぎの甘味が出る程度にサッと炒めても、食感が楽しめて美味しくいただけます。

材料（4人分）

鶏もも肉	300g	砂糖	小さじ2
酒	小さじ1/2	こいくちしょうゆ	大さじ1/2
たからづか西谷太ねぎ（または白ねぎ）		本みりん	小さじ1
	150g(1/2袋)	油	適量

小松菜と白菜のごま和え

作り方

① 小松菜、白菜をそれぞれゆでて、水にとり冷ます。水気をしぼってから小松菜は2cm幅、白菜は1cm幅に切る。

② かつお節はからいりして、つぶしておく。

③ ①の野菜を調味料で和えてから、かつお節とすりごまを加えてよく混ぜる。

材料（4人分）

小松菜	100g	薄口しょうゆ	
白菜	200g		大さじ1
すりごま（白）	5g	砂糖	小さじ1
かつお節	2.5g		

> **【小松菜】**
>
> 大根やかぶと同じアブラナ科の仲間。原産国は中国ですが、東京江戸川区の小松川で古くからつくられてきたので「小松菜」といいます。別名「うぐいすな」「冬菜」ともいい、あくがなく味に癖がないため、和え物だけでなく汁物などにもよく合います。

ほっこり味わう冬の温もり

炒り大豆ごはんと高野豆腐のそぼろ煮と粕汁

エネルギー	蛋白質	脂肪	塩分
575kcal	31.5g	13.6g	3.9g

※お盛り付け、味付等はイメージ

炒り大豆ごはん

エネルギー	蛋白質	脂肪	塩分
335kcal	13.0g	3.3g	1.1g

材料（4人分）

米	2合
水	2カップ
（干ししいたけの戻し汁を加えた分量）	
薄口しょうゆ	小さじ2
濃口しょうゆ	小さじ1
酒	小さじ1
炒り大豆（節分豆）	30g
干ししいたけ	1枚
しらすぼし	25g
切り昆布	大さじ1

作り方

① しらすぼしは炒っておく。

② 干ししいたけはぬるま湯でもどして、石づきを取り、細く切る。

③ 米を洗って、干ししいたけの戻し汁を加えた分量の水に30分程度漬ける。

④ 調味料を加え、具をのせて炊飯器で炊く。

⑤ 炊き上がったらごはんと具を混ぜて器に盛り付ける。

高野豆腐のそぼろ煮

 エネルギー 130kcal 蛋白質 12.0g 脂肪 5.4g 塩分 1.5g

材料（4人分）

高野豆腐	3枚
鶏ミンチ	100g
しょうが	1片
油	小さじ1
調味料	
砂糖	大さじ2
薄口しょうゆ	大さじ2
本みりん	小さじ1
酒	小さじ1
だし汁	2カップ
でんぷん	小さじ1

作り方

① 高野豆腐はたっぷりの水に浮かして戻し、2cm角に切る。

② 温めた鍋に油をひき、みじん切りにしたしょうが・鶏ミンチをよく炒める。

③ だし汁を入れ、煮立ったらあくをとり、調味料を加える。

④ 水気を絞った高野豆腐を入れて、弱火で煮含める。

⑤ 小さじ1の水で溶いたでんぷんを加え、全体をまとめる。

＊高野豆腐は熱湯で戻したり、水炊きすると崩れます。必ず、そのままか、水で戻してから味のついた煮汁で煮ましょう。

【高野豆腐】

凍り豆腐とも呼ばれる名のとおり、豆腐を凍らせてから乾燥させるため、寒くて乾燥した地域でつくられました。豆腐中の水分が凍って乾燥した跡がスポンジのような細かな穴となり、高野豆腐独特の食感が生まれます。ここにしっかり煮汁を煮含めることが、おいしく調理する決め手になります。

粕汁

エネルギー 110kcal 蛋白質 6.5g 脂肪 4.9g 塩分 1.3g

材料（4人分）

豚肉	60g
酒	小さじ1
にんじん	中1/3本
大根	100g（5〜6cm）
ごぼう	中1/3本
うすあげ	1枚
つきこんにゃく	50g
ねぎ	1本
酒かす	大さじ1
みそ（赤）	大さじ2
みそ（白）	小さじ2
削り節	ひとつかみ
水	3カップ

作り方

① だしをとる。お湯を沸かし削り節を加えて煮立てる。削り節が沈んだら、ざるでこす。

② にんじんはいちょう切り、大根は色紙切り、ごぼうはささがきにする。

③ 豚肉は一口くらいに切り、酒をふりかけておく。

④ ねぎは小口切りにする。

⑤ うすあげは熱湯をかけて千切りにする。つきこんにゃくは塩をふって、熱湯をかける。

⑥ ①のだしに、豚肉・ごぼう・にんじん・大根を順に入れ、煮る。

⑦ 野菜が煮えたら、うすあげ・つきこんにゃくも加えて煮る。

⑧ 赤みそ・白みそ・酒かすを合わせておいて、⑦に入れて味をつける。

⑨ 最後にねぎを加えて出来上がり。

＊豚肉の代わりに鮭を入れることもあります。

【酒かす】

酒かすを使っているので、体が温まる冬の料理です。伊丹や西宮には古くから酒蔵があり、酒かすを使った料理が今でもよく食べられています。

宝塚の学校給食は日本一よ！

インタビュアー　寺内順子（大阪社会保障推進協議会）

中川智子宝塚市長

中川市長のプロフィール
1947年生まれ。2017年4月19日より3期目の現職市長。鶴見女子短期大学卒業。趣味は映画鑑賞、料理、読書。

文化、自然、市民力が誇れる街

寺内順子　大阪社会保障推進協議会（大阪社保協）事務局長をしている寺内と申します。大阪社保協では学校給食、特に中学校での完全自校式調理での実現を自治体への要求課題の一つとしてきました。学校給食の有様はその自治体が子どもを大事にしているのかどうかの指標だと考えているのですが、残念ながら大阪での実態は、自校式は殆どなく、センター方式どころか、ランチボックス、所謂「業者弁当」方式が多く、これで学校給食と言えるのかと疑問なのですが、そのような状況となっています。今回、日本一の学校給食を施策化されている宝塚のお話をじっくりお聞きしたいと思って楽しみにしております。では、まず宝塚市とはどういう自治体なのか、ご紹介ください。

中山智子市長　宝塚といえばまず歌劇をイメージされますね。103年前、娯楽の少ない時代、鄙びた温泉地だった宝塚に阪急電鉄創始者の小林一三氏が、温泉客が喜んでくれるようにと少女唱歌隊を作られ、すぐに無料の娯楽の余興ではなく本格的な少女歌劇団を作ろうと宝塚音楽学校を作られました。その宝塚歌劇に代表されるように、合唱や吹奏楽をはじめ、文化・芸術活動をされる市民がとても多く、公民館や生涯学習センターなどはいつも一杯で、さまざまな発表会などが音楽ホールで開かれています。このように歌劇がメインではあっても、それを支える市民の文化力が高い街ですね。

　歌劇には全国から毎年110万人を超えるお客様がいらっしゃるので、知らず知らずの間に街をきれいにし、さらにここは植木の街ですので花や木が美しくてきれいな街だなあと思っていただけるようにと、清掃活動などされてる市民が多いです。道を尋ねてもとても親切だとも言われます。いろんなところからお客様がいらっしゃるので、知らず知らずの間にお

もてなしの心が市民の中に育っているということも感じます。

　ですから子育て中の方々は、宝塚は子育てがしやすいと言われます。そしてとても自然が豊です。六甲山系、長尾山系に囲まれた街の真ん中を武庫川が流れ、3分の2の市域を西谷地域というところが占めています。そこは田畑が広がりおいしいお米やお野菜が採れ、またダリアの産地でもあり牡丹もきれいに咲き誇っている、そういう市街地と里山が共存している風景がある実に恵まれた環境で、文化、自然、そして市民力が誇れる街で、人口は約22万5千人です。

寺内　私は1972年にこの街に引越して来たことがあり、そのころは1クラスに転校生が3〜4人はいて、爆発的に人口が増えていた時でした。中山台や中山桜台などの山手が開発され始めた頃でしたが、最近の人口動態はどうですか。

市長　この5年間ぐらいは横ばい状態ですが、今後は確実に減少していくだろうと予想しています。微増傾向だったのが微減に転じていくという、東京以外はどこもそうなるでしょうね。神戸なども減って福岡に抜かれちゃいました。地方創生とか言われてますが、宝塚に暮らしたいと思っていただけるようにがんばっていかなければと思っています。

義務教育9年間が直営自校方式

寺内　本題の学校給食についてですが、まず宝塚の学校給食の特徴についてお聞かせください。

市長　宝塚の学校給食の特徴というよりこれは自慢になりますが、私は日本一だと思っています。いくつも理由があるのですが、最大の特徴は小学校と中学校の義務教育9年間が直営自校方式だということです。学校給食法には「学校給食は教育の一環である」とはっきりと謳われていて、それは義務教育の間は市（行政）が責任を持って行うということです。子どもにとっての一番の成長期に当たるこの9年間を通して、しっかり食育ができる環境は、お金には代えがたいものがあります。でも他市では実際には小学校だけのところがとても多い。特に都市部では中学校の学校給食がほとんど行われていませんね。

寺内　私は西宮で生まれ育ち宝塚にも住んでたので、給食は当たり前だと思っていましたが、都市部では中

寺内順子

寺内順子のプロフィール
1960年生まれ。1991年に大阪社会保障推進協議会入局、現在事務局長。佛教大学卒業。趣味は365日の着物生活と料理。

学校給食が珍しいのだと感じました。

市長 そうなんですよ。そして結構、市長選挙などの公約には「中学校給食を実現します」とかおっしゃってるのになかなか実現されませんよね。そして大阪市も苦労されていますね。

寺内 ランチボックスという業者弁当です。でも中学生からは食べたくないってソッポを向かれています。でもそれはいくらなんでも酷いので、今は親子方式という、小学校で作って近隣の中学校に届けるという仕組みがモデルケースとして行われているようです。

市長 今、保護者の就労状況は大きく変化しています。両親がお仕事をされている家庭が非常に増えています。こうした中、何気なく食べている給食は、子どもたちだけではなく、保護者にとっても重要な役割を果たしています。転居先を選ぶ時には、中学校給食のある自治体を選ぶ保護者もいるように聞いています。

調理師と子どもの顔の見える関係

市長 宝塚市は小学校、中学校ともに、全ての学校に調理室があって、市の職員である調理員さんたちが、子どもたちと顔の見える関係の中で、温かいものは温かく、冷たいものは冷たく、子どもたちの命、健康を一番に考えて一生懸命作ってくださっています。それがすばらしいことだと思っています。たいへんな仕事なのに、毎日、手間暇惜しまず、材料は手切りで、小学校では小さ目にという配慮もしてもらっています。

　春には桜形の人参が入っていたり、お月見の時期にはウサギ型など、子どもたちが興味を示すような工夫も凝らしています。ちょっとした工夫ですが、子どもたちは喜んでいますね。

　私は学校給食は子どもに迎合してはいけないと思っています。家庭なら、「今日は何を食べたい？」って聞いて、カレーやハンバーグなど子どもの好きなものを食べさせてしまうこともあります。それでは子どもの体は育ちません。やはり体にいいと言われている伝統食などをしっかりと子どもたちに食べさせて、体を作っていくということが大切です。今では、日本古来の食材があまり使われなくなりましたが、学校給食では豆類や高野豆腐、ひじき、もずくなどの食材を積極的に使用しています。家庭で食べ慣れていないせいか、給食でも残量が多くなりますが、栄養教諭が少しずつ味付けを変えるなどの工夫をすることで、子どもたちは食べることができるようになります。

　残滓（ざんさい）を少なくしようということになると、やはり子どもたちの好きなものを作ることになり、残さないで食べるけど、でもそれは子どもたちの体を本当に考えてのことじゃありません。給食は子どもたちに迎合してはいけないんです。これが基本です。

「めっちゃうまい！」と子どもたち

市長 宝塚市は米飯が週3回あります。これも少し増やしたいのですが、でも栄養教諭の先生たちがものすごく考えてくれていておいしく栄養のバランスも考えられたご飯に合う給食になっているし、出汁も削り節や昆布からしっかり取っています。また西谷地域という農村部が近いので、全部は無理だけどそこの地場のお野菜や同じ県内の養父市からも有機農業のお野菜を一生懸命作って提供いただいたりしています。そこでは私の学校給食に対する情熱を敏感に察知してくれて、先に先にと職員が取り組んでくれてるので私は安心して給食を任せています。

　もう一つは、おいしいさです。私はよく子どもたちに声をかけられるんですね。野球大会などに行くと子どもたちが覚えていてくれて「おっ、市長」なんて言われたりすると、「どう、元気？」って私も声をかけながら「給食、どう？」って聞くと「めっちゃ、うまいよ！」と、子どもたちが本当にそう言ってくれます。

寺内 それはすごいですね。大阪の子どもたちは「おいしくない！」って言ってるそうでかわいそうです。

市長 私の息子が小さかった時のことですが、息子の友達が他の地域に引越したんですね。すると給食が原因で不登校になったんです。給食は毎日食べないといけないでしょう。1カ月ぐらいでまた通えるようになったそうですが、宝塚市の給食がおいしかったから、引越し先の学校の給食が食べられなくなっちゃったんですね。それほどに給食は子どもにとっては大切なものなんですよ。

「お母さんのカレーが世界で2番め」と言われ

寺内 そこまでおいしいと言われるようになった宝塚市の学校給食ですが、実はこれが中川市長が誕生してからだと聞いています。そうなるに至った市長ご自身の体験をお聞かせください。

中川 私は子どもが2人いるんですが、1985年ごろのことでした。上の息子が小学校に通いはじめたある日、「母さん、母さん、母さんの作るカレーが世界一おいしいと思っていたけど、今日から世界で2番目になったよ」って走って帰ってきて、すぐに言ったのです。私はこれは給食に負けたんだと思って、「えっ、給食がおいしかったの？」と聞くと、「もう、給食のカレーがめっちゃうまい！　母さんのよりうまい！」って言うんですね。私は、ああ、負けたなあと思ってすぐに調理室に電話をし「どうやって作ってますか」と聞き、作り方を教えていただいたぐらいです。私は息子に言われたことにすごくショックを受けて、それならいろいろ教えてもらおうって思ったんです。

　だから参観日などには30分ほど学校に早めに行き、調理室に寄って調理員さんたちと仲良くなるようにしました。家で作ったクッキーなどを持って行きお友達になりました。調理員さんたちが言われていましたが、今日の給食が酸っぱかったとか辛かったとかの電話はよくかかってくるけど、子どもから世界一うまいって言われて、お母さんから作り方を教えてくださいっていうような電話は滅多にかかってこないってね。でも、それがすごく嬉しかったそうです。私も嬉しくて、じゃあお友達になりましょうよってことになりました。それからは小学校に行くたびに調理室に寄って世間話をしながら料理のことを教えてもらい調理員さんと顔の見える関係になりました。

「学校給食の合理化通達」の記事に驚く

　こうして初めは調理員さんと友達になり、給食に愛情を込めて作ってくれてもらい、ありがたいなあと思っていたところ、1985年1月のある日、新聞朝刊の1面トップの「学校給食の合理化通達」（学校給食業務の運営の合理化について（昭和60年1月21日付文体給第57号）文部省体育局長）という記事に目が止まりました。合理化って何だ？　通達って何だ？と思いながら読むと、当時の文部省が学校給食をなるべく安上がりにするために、自校方式を止めてセンター給食にしていきなさいとか、民間委託も考えなさい。そして調理員さんはなるべくアルバイトにして春休みや夏休みの給料を払わなくても良いようにしなさいとか、とにかく合理化という名の下の学校給食の切り捨て方針が書かれてあったんですね。私はすぐに、毎日給食のために学校に行っているような息子のことが浮かんできて、学校給食が危ないと思い立ち、その新聞を持って近所の奥さんたちに「ねえねえ、学校給食が危ないよ。みんなでどうにかしないと」と言って回り始めました。でもみんなは「中川さん、そんなに心配しなくてもいいよ。お上のやることにそんな変なことはないから」って言うわけです。でも私は、今は大きな声では言えないけど「お上がやることだから気をつけなきゃいけないのよ」ってね、そのころは行政の立場ではなかったので好きなことを言ってましたが（笑）。

　私は親がこういうことに関心を持たないと、知らない間に給食なんて安上がりにされてしまうという思いを持ち「命を育んでくれている給食に親が関心を持たないと、あとで後悔するから、何かやりましょう」って働きかけたんですが「いやあ忙しいから、中川さん、何かやりたいなら自分でやってよ」というように全然、関心を持たれなかったんです。ああ、これは大変だと思いましたね。たとえば無くなるということになるときっと大騒ぎになると思うんですが、食べてる間はそれがセンター方式であろうが、民間委託であろうが、あま

り関心を持たれないのが学校給食なんです。そんな状態でしたが、2人のお母さんが一緒にやろうって声を上げてくれました。彼女たちは有機農業野菜を共同購入し給食に関心がありましたので、ようやく3人で始めました。

寺内　案外、保護者のみなさんは食に対して関心を持たれなかったわけですね。

「宝塚市学校給食を考える会」を3人で

市長　保護者のみなさんは特に学校給食に対しては信頼しきっていました。だけどその時は直感で、これは親が動かないといけないと思って、その3人で「宝塚市学校給食を考える会」をすぐに立ち上げました。

寺内　主婦3人からですね。

市長　そうです。でも主婦が3人で喚いていてもダメだからすぐにＰＴＡの役員（学年部長に立候補して）になり、年間のテーマを「学校給食」に決め、学校中で給食に関心を持ってもらえるようなさまざまな事業をしました。そのころは「給食を守る」という一心で、何もしないまま「母さん、あの時に僕たちの給食があんな変なことになったのは、お母さんたちが何もしてくれなかったからだ」と子どもに言われたらきっと後悔すると思いました。

　それから忙しくなってきて「母さん、今日は給食のことで集まりがあるから」と言うと、子どもたちは「がんばって」って応援してくれました。親の背中を見て育つというのは本当ですね。夜出かけても全然文句を言わずに留守番してくれました。その翌年、市は学校給食会を教育委員会から切り離してスポーツ振興公社に移すという方針を出しました。私は学校教育として位置づけているものを、スポーツ振興という関係のない所に移すのはおかしいと思ったので、さっそく3人で行動をおこして、調理員さんたちの組合、先生たちの組合に声をかけ、親との三者で共闘会議を作り、スポーツ振興公社への移管には反対という運動を始めました。なぜそこでがんばったかというと、実は宝塚市には1976年に日本で初めて民間委託をした「経過」があったからです。

悪くなるときは一瞬で変わる

寺内　実はその民間委託された時、私の妹が長尾中学校に通っていました。そこで給食の内容が悪くなり、異物が入っていたことがあって母が大騒ぎして教育委員会やマスコミに情報を送ってましたね。

市長　変わるときは一瞬なんですが、親が給食費不払い運動、弁当持参運動、市役所前の座り込みなどを行い、それを連日マスコミが取り上げたりして、民間委託が中止になる

まで3年かかっています。一旦変えられると、もとに戻すのは大変なことだということを私は聞いていたので、今こそがんばらなきゃってことで有志で署名を集めを始めました。署名は2カ月で2万7千筆集まりました。教職員組合や自治労などと一緒に取り組んだからそれだけ集まったんですが、だけど課長も会ってくれない、教育長も会ってくれませんでした。その時に感じたのは、いかに市民と行政が遠く離れているかということです。一生懸命、子どもたちを、給食を守ろうと思って2万7千もの署名を集めたのに話も聞いてくれなかった。その後、ようやく教育長が会ってくれ、結局スポーツ振興公社への移管は白紙撤回となり、引き続き教育委員会の所管として存続することになりました。

　私の学校給食の運動は、宝塚市の給食がすばらしいからそれを守るために始めたことでしたが、何もないときから意識をしておかないと変わるときは一瞬だということがよくわかりましたね。

寺内　その瞬間をとらえる感覚がすばらしいですね。

市長　その時は「学校給食を考える会」を作っていたので、いつもアンテナを張っておかなくちゃいけなくて民間委託をした自治体を見学に行ったり、話を聞きに行ったりと、いろいろ日頃から勉強していました。また自治労が作った映画もあったので、いろんなところに上映に行くなど、よく活動をしていましたね。ＰＴＡでは学校をあげて学校給食の勉強もしていましたから。そういうことがあったのですぐに動けたのです。

寺内　学校給食をめぐってそんな大市民運動があったんですね。

熊本に引越し、全国に学校給食友達ができた

市長　だけど白紙撤回してとても安心したころ、夫が熊本に転勤になり熊本に引越しました。熊本でも私の学校給食への思いは続きました。熊本は中学校が親子方式でしたので自校方式にしなきゃってことで「熊本市学校給食をよくする会」を作りました。これも楽しく活動でき、もうどこに行っても給食のネットワークのお陰で寂しい思いをせずにすみました。活動を地元の熊本日日新聞が連載してくれたりして、親子方式から単独自校方式へという声も広がり、新設校を作るときには給食施設をつくるということになりました。またその「会」から市会議員を一人生み出すなど、おもしろかったですね。

　宝塚では呼びかけた時に参加が少なかったのですが、熊本の人は反応が早くて、すぐに何十人もの人が参加してきました。熊本生協には学校給食担当理事がいて、生協あげ

　て学校給食に取り組んでましたので、私はすぐに生協に加入し学校給食担当理事になりました。小学校は自校方式、中学も親子方式で自校方式に近かったんですが、やはりベストを目指すことにしました。熊本の郡部ですが大津町では民間委託の方針が出た時に「中川さん、手伝いに来て」って言われて、毎日のように行きPTAを組織して宝塚市の例を話しながら回っていました。熊本市ではあらかじめ運動がよくやられていましたが、大津町、菊地、宇土などの郡部でも民間委託されそうな時に行き、それを止めさせようとしていました。おもしろかったですよ。だからあちこちに学校給食つながりの友達ができ、阪神・淡路大震災の時もすぐに、全国の学校給食の友人たちが支援に来てくれましたよ。

自校米飯と手作りふりかけも

寺内　そしてそういう思いを持っている人が宝塚市の市長になりました。ということはそれを実現されてるということですね。

市長　はい。市長になった時に一つとても気がかりだったのは、米飯を外部に委託していたことです。宝塚市では1981年（昭和56）の10月から米飯給食が委託方式により始まりました。私の子どもがまだ幼稚園にも行っていないころのことで、そのときは関心がなかったんですね。結局、委託炊飯方式になってしまったんです。

　それから給食を食べるようになった子どもが言いました。「母さん、宝塚の給食はおいしいけど、ご飯がおいしくないよ」。どういうことかと言うと、ステンレス製の弁当箱に生米を入れて、スチームでご飯を炊いてそれをトラックで運ぶから、蓋の上に付着している雫がトラックの揺れでご飯の上に落ちてしまいべチャベチャになるんですね。だからメニューを見ると、ご飯の日にはふりかけが付く日が多かったのです。だから私はこの宝塚の給食の一番のアキレス腱は米飯を委託炊飯してることだと思ったんです。

　それで市長になった時に、やはり米飯は自校の給食室で炊いて、旬の野菜を入れた例えばしめじご飯とか、たけのこご飯とか、そういう「ご飯」をおいしいと感じることが大事だと考えました。日本の食の主役はやはりご飯ですから、それがおいしいものとして子どもたちが食べられないと、食育の基本が給食で果たせないじゃないですか。かなり予算はかかりましたけど、2010年（平成22年）1月から取り組みを始め、現在では37校中33校

が自校炊飯となり、炊きたてのおいしい米飯を食べられるようになりました。あと4校（2018年3月現在、3校）を残すのみとなるところまで変えてきましたが、毎年、予算化して全校実施に向けて取り組みを進めていきます。

寺内　大阪市のランチボックスがおいしくなくて、「ふりかけ論争」というのが市議会でありました。ふりかけを持たせるかどうかっていうことでしたが、そんなことで市議会を開くなんて呆れましたが、同じふりかけでも宝塚市はレベルが違いますよね。手作りのふりかけですね。私、以前に試食させていただいたんですが、ふりかけもジャムも手作りだと聞いた時、そんな給食があるんだと驚いてのけぞりそうになりました（笑）。その後、大阪で「宝塚はふりかけも手作りよ」って言うと、誰もが絶句したほどでした。

市長　ひじきやじゃこを使ったふりかけなので、市販されていないオリジナルなふりかけです。この他、ジャムも手作りです。給食室には、大きなお釜がありますが、一般的には内釜は鉄製ですが、ジャムを作る時、鉄の灰汁で黒くなるため、ジャム用にアルミ製の内釜を用意しています。アルミだときれいなイチゴ色になります。もちろん無添加です。

食育劇で楽しい給食を提供

市長　とってもうれしいのは、子どもたちが安心して喜んで食べてくれる給食を作るために、栄養教諭や調理員さんたちがみんな一緒になって心が一つになっているということ。それが一番の幸せです。そして3・11の福島原発事故があった以降は、いち早く毎日の食材の放射能測定に取り組み、その結果をホームページに上げて、安全な給食作りを徹底的にしていること。そしてそれをやる限りは徹底するというスタンスと、やはり子どもたちに楽しく給食を食べてもらうために調理員さんが「からっぽ大作戦」という劇団を作ってくれて食育劇を演じる活動もしてくれています。宝塚の学校給食は、こういう子どもたちを一番に考えるすばらしい人たちが作ってくれているんです。

給食はお金には代えられない

寺内　ところで全国には、まだ中学校給食が実施されていない、依然としてセンター方式になっている、これから業者弁当に変わるというような問題があります。そこにはかつての市長になる前の中川さんのように学校給食をなんとかしたいと運動をしているお母さんたちが多くいます。それがこのように変えられるんだという希望をこの本では示したいと思っていますが、しかし現実の自治体の考えではやはり費用がかかるということが大きな壁になっていますね。それを乗り越えるにはどう考えていけばいいのでしょうか。

市長　まず、給食はお金には代えられないものだということです。お金がかかるから止めようということで、給食などが標的になればそれはもうおしまいだと思います。小・中学校の9年間は子どもの命、体をつくるという一番大事な時期です。特に小学校低学年は味覚が作られる要の時です。しかも子どもたちは強制的に食べさせられます。その給食がおいしくて豊かなものであることは、学校生活をより楽しくすることになるでしょう。そこには単にお金では測ることができないものがあります。

効率化も大切だとは思いますが、宝塚市では、学校給食は行政の重要な役割として、自校方式を続けています。また、子どもたちが感謝をする気持ちなどはいろいろな場面で必要だと思いますが、学校の中で調理員が直接作り、それについて「今日はおいしかった？」とか「今日はこんな給食だよ」と言えるような、顔の見える関係の中で信頼関係が作られる。また調理員さんたちもこの子たちのためにもっともっと良い給食を作ろうっていう気持ちになる。それはお金で測ることはできないのもでしょう。ですから、合理化の名の下に学校給食を考えるのは、今は国でもそういう動きがありますが、私はこれは教育の大事な部分を手放すことだと考えます。学校給食は20年先、30年先の将来を考えて子どもたちの体を作るという大きな役目を担っているのです。いくら安上がりだとしても、他人の手や業者の手によっては代えられないものだと思います。

　私の息子が小学生の時、今ではもっと深刻になっていると思いますが、子どもたちが6～7人ぐらい集まって、朝ご飯、昼ご飯、晩ご飯のうちどれが一番楽しみかという話をしていました。朝も昼も夜も楽しみだという子はたった2人でした。最近は朝ご飯がパンだけとか、晩ご飯がますます孤食になっていますし、コンビニ弁当だとか、いろんな意味で食に対して温かさとか愛情とかを感じにくい時代になっています。だからこそ、やはり同じ釜の飯を食べる、それが愛情たっぷりのものであることが、知らない間に子どもたちに大切なものを、感謝の気持ちや食べることの喜び、食事は大事だということを教えることにつながっていると思いますが、そういうことはお金では測れないと思います。私はそれに強くこだわっています。

国が、政治が子ども守るべき

寺内　私はシンママ（シングルマザー）支援活動をしています。大阪社保協（大阪社会保障推進協議会）は毎年、自治体キャラバン行動をしていて、各自治体の社会保障と教育関係の課長さんたちと懇談をするんですがその中で、首長の考えと教育委員会の担当者のお考えはたぶん一緒だと思いますが、子どもたちの学校給食を大事に思っていない方が多いというか、未だに愛情弁当などと言っている教育長などもおられます。

市長　私は愛情弁当も良いのですが、それよりも愛情給食で宝塚の子どもたちを育てます。そして弁当で愛情を測るということを言うのならば、もうあなたが作れっていう感じですね。そういう時間の無駄な論争は止めて、やはり私は義務教育の9年間は、きっちりと国が、政治が、それを守っていくべきだと思います。法律で謳っているんですから。国語や算数と同じ教育として食を捉えれば、給食は立派な教材であり、栄養教諭や調理員は、その教育の担い手となります。宝塚の子どもは、宝塚が自らの手で育てます。それが真の教育ではないでしょうか。

寺内　大阪では、給食でしかまともな食事が食べられない子どもたちもいると問題になっています。2016年に大阪府と13市町村が子どもの生活実態調査をしました。その中で大阪府下のある自治体ですが、そこでは毎朝食べていない子どもが2割、給食のない日で昼食を食べていない子が37％、さらに4％ぐらいの子が夕食も食べていないという結果でし

た。このように子どもたちの食の実態は深刻です。だからこそせめて学校給食はまともにしてほしいと主張しています。宝塚市ではそういう子どもたちの実態というのはいかがでしょうか。

市長　今、貧困実態調査をしていて2017年3月に結果が出ていますが（2017年7月公表済）、深刻な状況だと思います。

寺内　宝塚市の学校給食の内容でしたら子どもたちも救われていると思いますが、それがランチボックスであったり、選択制のところではお母さんの弁当か、コンビニ弁当か、パンとか、あるいは食べていないという状況なので、学校給食は教育の一環として位置づけられるだけでなく、子どもの命を支えるという意味も担っているという危機感があります。

市長　選択制にしても、親にお弁当を作ってもらえない子どもの辛さを思わなきゃいけないですね、絶対に。すると親が作ってくれたお弁当を食べる子も肩身が狭いわけです。みんながその中で何かを思わなきゃいけないというのは、子どもの心にとって良くないでしょう。

寺内　大阪市は運動会のときは弁当ですが、弁当を持って来られない子がいます。子どもたちの中でも食べていない子はわかっているようなので給食にして欲しいのですが、子どもたちの食が今、本当に危機にあると思います。

市長　その通りですね。

寺内　ですから私たちはキャラバンの中で、子どもたちに朝ご飯もやって欲しいと要望しています。モーニングサービスですが、これは欧米では貧困対策として普通に行われています。バナナと牛乳など簡単なものでもいい。朝、ちゃんと食べないと午前中の授業についていけないですからね。おそらくそういう段階に大阪では来ているだろうと言っているんですが、なかなかソッポを向いて聞いてはもらえませんが。また給食費の無償化も必要かと思っています。

市長　どこまでやるかですね。

子どもの命を考えている自治体へ

寺内　時間がなくなってきましたが、学校給食を通してこの本の読者のみなさんへのメッセージをお願いします。

市長　まず、自治体によって学校給食にはさまざまな取り組みがあることを知ってもらいたいですね。9年間の直営自校方式に取り組んでいる宝塚市は、本当に子どもたちの命、健やかな成長のことを考えて一生懸命取り組んでいる自治体だということは知っていただきたい。そして給食に関心を持ってもらいたいのです。私が市長選挙に出た一つの理由は、他の候補者のほとんどが「無駄をなくせ、学校給食を安上がりにしろ」という人たちだったことです。もちろん議会でも学校給食のことですごく責められて悔しい思いもしましたが、ずっと私の信念に基づいて答弁し続けてきました。なぜなら宝塚の給食は子どもたちの体を作るために必死でやっているので、そのことを保護者のみなさまにはしかと見て欲しいと思います。考えの違う市長さんになるとガラリと変わってしまいます。学校給食は

政争の具にしてはならないと思っています。

　だから私は誰が市長になっても今の宝塚市の学校給食は守って欲しいし、そのためには保護者がしっかりと関心を持って、子どもたちを本当の意味で守るためにアンテナを張ってもらいたいと思います。一番最初に民間委託された時に異物混入などが起きましたが、しかし今はそんなことが起きないように一生懸命愛情を込めて作ってくれている調理員たちがいます。安全安心の給食を提供するために思案してくれる栄養教諭もいます。そういう信頼関係の中で子どもたちの給食を作り、子どもたちが喜んで食べているということは知っておいて欲しいですね。

寺内　だから給食の試食イベントなどもされてるわけですね。

市長　試食イベントは市民の方に理解してもらうためにいろんなところでやっています。また今はクックパッドなどでも紹介されるようになったり「学校給食がおいしいから引っ越してきた」という人もおられるし「宝塚が食にこだわっているのでここに避難してきた」という東北の被災者の方もいらっしゃいます。そのための発信にも力を入れています。

いつも学校給食に目を光らせて

寺内　全国の学校給食のレベルは宝塚市と比べるべくもありませんが、それでも各地で学校給食を良くしようと取り組んでいる保護者や自治体の担当者がおられます。そういう他の自治体や父母の方たちへのメッセージをお願いします。

市長　学校給食の活動はしんどいです。給食はあって当たり前で、他の自治体と比べることが難しい。それでもその当たり前のことを続けていくことは大事だし、子どもたちの体や命を守るための学校給食の運動はすごく大事だと思うので、地味で疲れる活動だけど誇りを持ってがんばって欲しいと思います。そして学校の先生や調理員さんたちとの連携がとても大事なので、保護者だけじゃなくてみんなを巻き込んで、一緒に私たちは学校給食に対して目を光らせてるよ、安上がりでいいとは思っていない、税金をもっと子どもたちの命を守るために使って欲しいということを言ってくれたら勇気が出ますよ。ぜひともそこはみなさん、活動をがんばってください。（2016年12月22日インタビュー）

学校給食の目標

1. 適切な栄養の摂取による健康の保持増進を図る。
2. 日常生活における食について正しい理解を深め、健全な食生活を送ることができる判断力や望ましい食習慣を養う。
3. 協力して楽しく会食することにより、学校生活を豊かにする。
4. 食べ物が自然のめぐみであることへの理解を深め、生命及び自然を大切にする。
5. 食生活が食に関わる人々の様々な活動に支えられていることについての理解を深める。
6. 日本や世界各地の食文化についての理解を深める。
7. 食料の生産、流通及び消費について理解する。

宝塚市の学校給食

各学校の給食室で調理する自校調理場方式です。

だから、調理の様子を感じることができ、給食室から香るおいしい匂いもスパイスの一つとなります。

小学校から中学校、特別支援学校まで、全校で完全給食（牛乳、主食〈米飯、パン〉、主菜、副菜、その他）を実施しています。

だから、9年間を通して、子どもたちの健やかな成長を支えるとともに、食育を推進します。

炊き立てのおいしいご飯を提供するため、順次、各学校に炊飯設備を整備し、自校でご飯を炊飯する自校炊飯方式による米飯給食を進めています。

だから、おいしい和食を中心とした献立とし、子どもたちは、食を通して、文化や伝統を学びます。

また、兵庫県産米を使用し、地産地消に努めています。

手作りを基本とし、子どもたちが食べる直前に仕上げ、「温かいものは温かく、冷たいものは冷たく」提供するよう心掛けています（ジャムやふりかけ、シチューのルーなども手作りです）。

だから、宝塚の学校給食はおいしいのです。

食物アレルギーのお子さまにも楽しく給食を食べていただけるよう、一部除去食対応を実施しています。

だから、安心して給食を食べていただけます。

学校給食の内容

主食

（1）米飯

校　　種	学　　年	精白米の量
小　学　校 （特別支援学校含む）	低　学　年	65g
	中　学　年	75g
	高　学　年	85g
中　学　校	通常	105g
	小盛	90g

① 回数
週3回

② 炊き込みご飯
バラエティーに富んだ米飯給食を進めるため、月1～2回、炊き込みご飯を提供しています。

③ 米の産地
米は、（財）兵庫県学校給食・食育支援センターを通して、100％兵庫県産米を、また年に数回は市内（西谷）産の米を使用しています。

④ 添え物
副食によっては、漬物、味付け海苔等をつける場合がありますが、減塩食品や合成保存料、合成甘味料、合成着色料等を使っていない食品を選んでいます。

ふりかけは、給食室での手作りです。

(2) パン

校　　種	学　　年	普通パン 小麦粉使用量	小型パン 小麦粉使用量	副資材配合率
小　　学　　校 （特別支援学校含む）	低学年	40g	30g	ショートニング　8% 砂糖　5% イースト　2% 食塩　2%
	中学年	50g	40g	
	高学年	60g	45g	
中　　学　　校	全学年	70g	60g	

① 給食用パン
給食用のパンには、防腐剤、発酵促進剤、保水剤、乳化剤、着色料等を使用しておりません。

② パンの種類
普通パン……コッペパン、丸型パン
小型パン……副食に応じて小型パンになります。
加工パン……月に1回程度使用します。
〈参考〉
黒糖パン、さつまいもパン、カットチーズパン、ぶどうパン、アップルパン等
揚げパン…各校の給食室でコッペパンを油で揚げ、砂糖ときな粉やココアパウダー等をふりかけて作ります。

③ 添え物
季節の果物を使用したジャムやココアクリームは、全て給食室での手作りです。

牛乳
1個200mLの牛乳パック（紙パック）を提供しています。また、紙パックは環境教育の一環として、ゴミとして処理せず、水で洗って回収します。
紙パックはリサイクルされています。

副食

給食室での調理は、手作りの味を大切にしています

① 材料は原則として、国産で新鮮なものを使用しています。
② 味付けは、食品のもつ自然な味をいかすため塩分、糖分をひかえめにして、うす味に仕上げるようにしています。
③ 煮汁をとるのに、化学調味料を使用しないで、それぞれの献立に応じていりこ・けずり節・だし昆布を使用しています。
④ フライや天ぷらをするときは、給食室で衣をつけています。
⑤ 果物は国産を使用し、ゼリー等は手作りをしています。
⑥ 加工食品（半加工品、冷凍食品）については、素材の内容の明確なものを使用しています。
⑦ 有害な食品添加物等が含まれた食品は使用していません。
⑧ 学年差や個人差に応じて、摂取できるように配慮しています。

給食の年間実施回数および給食費（1食当たり） 平成27年4月1日から

校　　種	回　数	給食費
小　学　校 特別支援学校	180回	230円
中　　学　　校	178回	270円

給食調理員と子どもたち

　本市では、給食調理員が、出来上がった学校給食を食べる子どもたちに感想を聞くなど、たくさんの子どもたちに声をかけています。

　また、小学校1年生の入学当初の給食準備は悪戦苦闘。そこで給食調理員が入り、子どもたちへの給食指導の補助をしています。

　このように給食調理員と子どもたちが触れ合うことにより、子どもたちの作ってくれた人への感謝の気持ちがより一層大きくなっていきます。

給食調理員が教室に入り
給食指導を補助しています

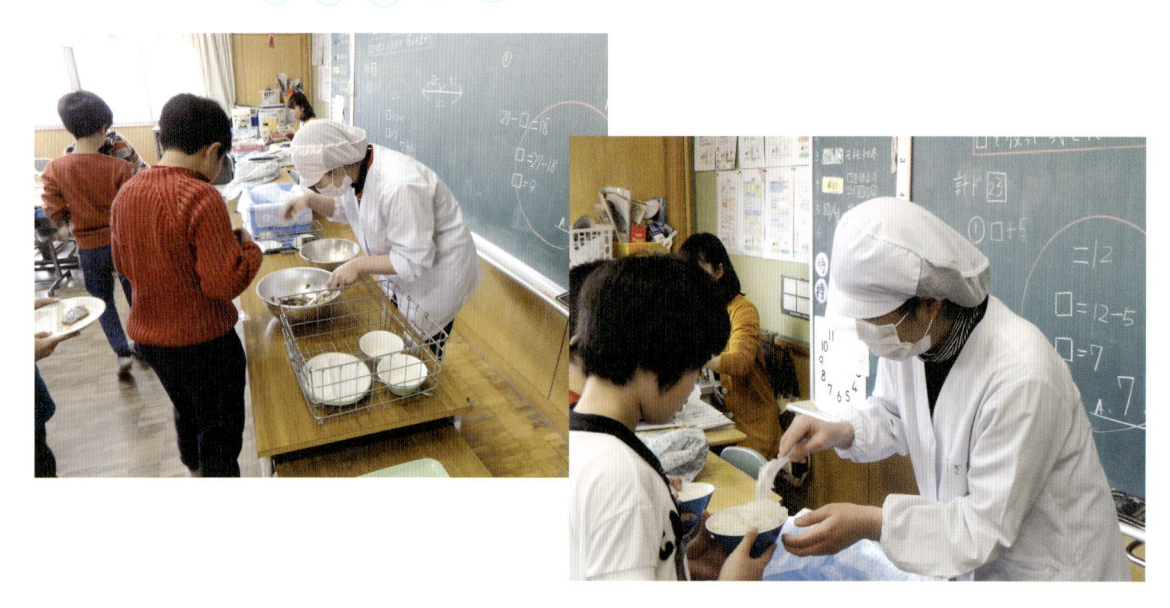

給食室前の掲示板には…

　給食室前の掲示板では、給食調理員が、子どもたちの目を引くよう工夫した食に関するクイズやメッセージを掲示しています。給食調理員も学校教育における食育に大きく関わり、子どもたちの健やかな成長を見守っています。

給食調理員による食育劇の取り組み

1　概要

　近年、偏った栄養摂取や食生活の乱れ、肥満、痩身傾向など、子どもたちの食を取り巻く問題が深刻化しています。

　こうした状況のなか、好き嫌いをなくし、何でも食べられるようになってほしいとの願いから、本市の学校給食調理員が、台本、衣装、小道具など、全て手作りの食育劇を企画し、小学校を中心に公演活動を実施しています。

2　劇団

⑴　劇団名

　　劇団「からっぽ大作戦」

　　子どもたちが給食を楽しく食べて、食缶などの器をからっぽにしてほしいとの願いからつけた劇団名です。

⑵　劇団員

　　宝塚市の市立小学校、中学校の給食室で働く現役の給食調理員で構成しています。夏休み期間を利用して、衣装や小道具を作り、休日を返上して練習しています。

3　活動内容

　毎年8月に公民館で開催している「食育フェア」において、新作を公演しており、平成29年度で9作目となります。

　この他、小学校からの依頼を受け、5時間目を使って公演を続けています。

　子どもたちから、「苦手な野菜にもチャレンジします」などの感想も寄せられ、少しずつではありますが、子どもたちの食の関心が高まりつつあることを実感しています。

4　内容

⑴　第1話「苦手な食べ物を変身」

　　納豆、鶏のレバー、もずく、ひじきが困っています。子どもたちには少し人気がありません。しかし、学校給食調理員マンが登場しおいしい給食に変身させます。食材たちは大喜びで自信を取り戻します。

⑵　第2話「お野菜だって人気者」

　　子どもたちが苦手な野菜（ピーマン・人参・なす・玉ねぎ）を使ってカレーを作ります。おいしいカレーは野菜が入っているからこそ。カレーになった野菜たちは元気よく歌います。

⑶　第3話「お菓子怪人バリバリンVS学校給食調理員マン」

　　子どもを魔法で「お菓子大好き子ども」にしてしまう怪人バリバリン。学校給食調理員マンは、粕汁仮面やサバの煮つけレディー、はりはり漬けゼットなどの仲間を呼び、怪人バリバリンと対決します。

(4) 第4話「給食からっぽ大作戦」

　学校給食調理員マンは、食べ残しを少しでも減らそうと「給食からっぽ大作戦」を提案します。給食は食べると栄養になりますが、残すとごみになってしまいます。食べ残しが減れば環境も良くなり、地球さんも大喜びです。

(5) 第5話「給食列車で出発進行」

　調理工程を列車の駅に例えました。じゃぶじゃぶ駅にトントン駅など、献立が出来上がるまでにいろんな駅を通ります。人参、玉ねぎ、じゃがいも、牛肉、糸こんにゃく。さて、どんな給食が出来るのでしょうか。

(6) 第6話「にんじんちゃんとみんなの想い」

　にんじんちゃんが主役の物語です。農家のみなさんが大切に育てました。野菜屋さんは、仕入れのために朝早くから働きます。献立を考える栄養教諭。様々な立場の人に支えられているにんじんちゃんが、感謝の気持ちで歌います。

(7) 第7話「給食レシピピコンピューター」

　子どもたちに大人気のきな粉揚げパン。「何度の油で揚げればいいのでしょうか」「甘さを引き立せるための調味料は」。調理員マンがその作り方を伝えます。自作の食育ソングで盛り上げます。栄養満点の学校給食です。ぜひ、ご家庭でも楽しんでいただければと思います。

(8) 第8話「温かいものは温かく」

　料理は出来立てほやほやが一番おいしいです。食材たちも同じ気持ちだと思います。調理員マンは、料理が冷めない工夫を話します。最後はさらさらと降るあるものが、食材たちを優しく包み込みます。映像では、市内の中学生に協力してもらいました。

(9) 第9話「お料理大好き男子になろう」

　9話はタイトル通りのテーマです。演者は男子調理員の4人。ダンスや歌にも挑戦しました。料理といってもその範囲は広いです。劇中のやり取りを紹介します。「お片付けも立派な料理の仕事だね」「食べる前の準備や、食べた後のお片付けも立派な料理作業だよ」。幼少時の調理員マンが登場します。

5　子どもたちからの感想

○　私は劇を見て、何だか野菜が食べたくなりました。理由は、いろんな味の野菜を食べたら元気が出ると知ったからです。

○　私は食育劇を見て、少し野菜が好きになりました。劇の中で一番好きなのは玉ねぎです。もっと野菜を好きになろうと思います。

○　僕は調理員さんたちの食育劇を見て、こう思いました。僕の嫌いな「なすび」もいつか好きになれたらいいなと思います。確かに野菜が無ければカレーは出来ません。「野菜を食べればニッコニコ」の言葉はいいなと思いました。

> **公演の様子は宝塚市ホームページからご覧いただけます！**
> サイト内検索で [食育劇] [検索] クリック

程一彦さんのおいしい学校給食

　平成26年度(2014年度)、宝塚市トリプル周年記念事業として、本市在住の宝塚市大使である料理研究家、程一彦さんプロデュースの学校給食を全校一斉に提供しました。

　程さんが持つ食材の知識と料理の経験が学校給食に活かされた「宝塚市トリプル周年記念給食」により、子どもたちといっしょに、この記念すべき年をお祝いしました。

　平成27年度(2015年度)に、末成小学校で実施した際には、有名人の来校に子どもたちも興奮気味で、サインをもらおうと長い列が出来ました。

　子どもたちにとって、よい思い出になったことでしょう。

・米飯
・牛乳
・五目麻婆
・バンバンジー
・卵のコーンクリームスープ

おいしい学校給食大試食会

本市の魅力のひとつでもある学校給食は、子どもたちの成長に必要な栄養素をバランス良く組み合わせた「食の教科書」として、学校教育における食育にも大いに活用しています。

こうした学校給食を多くの市民にもＰＲし、ご家庭でも味わっていただくため、国内最大の料理投稿・検索サイトの『クックパッド』に本市の学校給食レシピを掲載したところ、1年間で75万件を超えるアクセスがありました。

平成27年（2015年）このクックパッドで検索数が最も多かった「きな粉揚げパン」や、西谷産のさつまいもを使用した「大学いも」、子どもたちから人気のある「ポークビーンズ」など、合計12品目の試食を用意し、家族連れで賑わう末広中央公園で大試食会を開催しました。

3,500人の来場者からは、「子どもが来年、小学校に入学します。安心して学校へ行かせられます。」「好き嫌いのある子ですが、給食だと全部食べました。」とのご意見をいただきました。

また、平成26年度(2014年度)は、学校給食で人気№1の給食カレーの大試食会を開催し、2,600食用意したカレーがわずか1時間でなくなるほど活況でした。

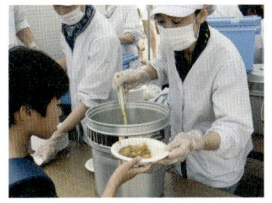

エネルギー 478kcal | 蛋白質 8.8g | 脂肪 18.6g | 塩分 1.4g

きな粉揚げパン

材料（4人分）

コッペパン	4本	砂糖	大さじ3
揚げ油	適量	塩	少々
きな粉	大さじ4		

作り方

① きな粉、砂糖、塩を合わせておく。

② パンを170〜180℃の油でパンを回しながら、表面にうっすら色がつくまで20〜30秒程度揚げる。

③ パンが熱いうちに①をまぶしてでき上がり。

＊ロールパンでも作れます。
＊写真は2人分。

エネルギー 66kcal | 蛋白質 3.0g | 脂肪 3.7g | 塩分 1.1g

ごまじゃこサラダ

材料（4人分）

キャベツ	大葉3枚	濃口しょうゆ	大さじ1
きゅうり	1本	ごま油	大さじ1
しらす干し	20g	酢	大さじ2
白ごま	小さじ1	砂糖	大さじ1
		塩	少々

作り方

① キャベツは細長く、きゅうりは輪切りにして塩をしておく。

② しらす干しはいり、ごまもいってすりつぶしておく。

③ ①を絞っておく。

④ 調味料を混ぜ合わせ、②③を加える。

エネルギー 189kcal | 蛋白質 11.0g | 脂肪 8.8g | 塩分 1.6g

豆あじのマリネ

材料（4人分）

豆あじ	160g	たまねぎ	1/4個
酒	少々	にんじん	1/7本
でんぷん	適量	酢	大さじ2
揚げ油	適量	砂糖	大さじ3
		薄口しょうゆ	大さじ2

作り方

① 豆あじはサッと水洗いし、ざるで水気を切っておく。

② 鍋に調味料と薄切りしたたまねぎ、千切りにしたにんじんを入れ、沸騰させる。

③ ①の豆あじにでんぷんをつけ、油で揚げる。

④ 揚がったら②のタレを混ぜあわせる。

鶏肉とレバーのマリネ

材料（4人分）

鶏レバー	120g	にんじん	少々
鶏もも肉	120g	たまねぎ	小1個
しょうが	1片	酢	大さじ3
濃口しょうゆ	大さじ2	砂糖	大さじ3
でんぷん	適量	薄口しょうゆ	大さじ4
揚げ油	適量		

作り方

① レバーは、洗ったり牛乳につけたりして臭みを取る。

② レバーとももを一口大に切り、すりおろしたしょうがと濃口しょうゆをかけてしばらく置く。

③ 汁をよく切ってから、でんぷんをまぶして油で揚げる。

④ にんじんとたまねぎを千切りにして、酢・砂糖・しょうゆを合わせた中に入れ、煮立たせる。

⑤ ④に揚げたレバーとももを入れ、味をからませる。

＊揚げている時にはねることがあるので、注意してください。

 エネルギー 245kcal 蛋白質 13.4g 脂肪 10.1g 塩分 3.9g

かぶサラダ

材料（4人分）

かぶ		白みそ	大さじ1/2
	160g（小かぶなら5本くらい）	酢	小さじ1弱
白菜		油	小さじ1
	80g（中くらいの葉、3枚くらい）	砂糖	小さじ1/2
焼豚	60g	塩	少々
油	小さじ1		

作り方

① かぶは皮をむき、3cm角の色紙切りにする。

② 白菜は1cm×5cmぐらいの千切りにする。

③ 焼豚は1.5cmくらいに切り、油で炒め、冷ましておく。

④ かぶと白菜を湯通しし、水で冷まして水気を絞る。

⑤ 白みそから以下の材料でドレッシングを作り、③と④を和えてでき上がり。

 エネルギー 61kcal 蛋白質 3.6g 脂肪 3.3g 塩分 0.6g

【 か ぶ 】

かぶの旬は11月〜12月。春の七草の一つで「すずな」とも呼ばれます。東洋種の聖護院、天王寺、西洋種の金町、早生、時無しなど約80種類があります。大根と同じようにビタミン類の他に、消化を助けるジアスターゼが含まれ、胃腸の動きを活発にしてくれます。

わかさぎのカレー揚げ

材料（4人分）

わかさぎ	200g	でんぷん	適量
カレー粉	小さじ1弱	こしょう	適量
塩	小さじ1/2	揚げ油	適量

作り方

① わかさぎに塩、こしょう、カレー粉を振り、味と香りをつける。

② でんぷんをまぶし、180℃くらいに熱した油でカラっと揚げる。

エネルギー 116kcal ／ 蛋白質 7.3g ／ 脂肪 7.0g ／ 塩分 1.0g

【わかさぎ】

体長10〜15cmほどで、頭からまるごと食べられる小魚です。揚げ物の他、佃煮、甘露煮などにして保存食としても食べられます。

ちくぜん に
筑前煮

材料（4人分）

鶏もも肉	1/2枚	ちくわ	2本	薄口しょうゆ	小さじ2
にんじん	1/2本	おろししょうが		本みりん	小さじ1
里いも	1/2袋		小さじ1	砂糖	大さじ2
ごぼう	1/2本	炒め油	適量	でんぷん	小さじ1
こんにゃく	1/2枚	酒	適量	削り節	ひとつかみ
厚揚げ	1枚	濃口しょうゆ	小さじ4		

作り方

① 鶏肉、こんにゃく、厚揚げは一口大、にんじんとごぼうは乱切り、里いもは皮をむいて大きければ切り、ちくわは斜めに切っておく。

② 熱湯300ccに削り節を入れ、だしをとる。

③ こんにゃくはあく抜きし、厚揚げは油抜きをする。

④ 鍋に油を入れて熱し、おろししょうがを入れたら、鶏肉を炒めて酒をふる。

⑤ 鶏肉を十分に炒め、にんじん、ごぼう、こんにゃくの順番に炒めていく。

⑥ だしを加えて、砂糖、しょうゆで味を調え、里いもを入れる。

⑦ ちくわと厚揚げを入れて煮込む。

⑧ 最後に水溶きでん粉でとろみをつければでき上がり。

エネルギー 217kcal ／ 蛋白質 14.6g ／ 脂肪 8.1g ／ 塩分 1.7g

ジャーマンサラダ

材料（4人分）

じゃがいも	中3個	バター	10g
玉ねぎ	1/2個	塩	小さじ1/2
ベーコン	100g	こしょう	少々
パセリ	少々		

作り方

① じゃがいもは2cm角に切る。

② 玉ねぎは横に半分に切ってから薄切りにする。

③ ベーコンは1cmくらいに切る。 パセリはみじん切りにする。

④ じゃがいもを鍋に入れ、つかるだけの水と分量外の塩を少し入れてゆでる。

⑤ じゃがいもが柔らかくなったら火を止め、水気を切る。

⑥ フライパンにバターを入れ、中火でベーコン、玉ねぎを炒め、途中、塩を加えさらに炒める。

⑦ 玉ねぎが透きとおってきたら、上記⑤のじゃがいもを加えて、こしょうで味をととのえ、パセリを入れたら出来上がり。

 エネルギー 231kcal 蛋白質 5.7g 脂肪 12.0g 塩分 0.8g

ぼたん汁

材料（4人分）

猪肉	60g	つきこんにゃく	1/4袋	水菜	1/5束
山椒・酒	少々	ごぼう	1/5本	みそ	大さじ2
焼き豆腐	1/2丁	にんじん	1/4本	いりこ	1つかみ
まいたけ	1/2袋	大根	3〜4cm幅	水	3カップ

作り方

① 鍋に水を入れ、いりこを入れておく。

② 猪肉に山椒と酒をふっておく。

③ 焼き豆腐は2cm角、まいたけはほぐし、つきこんにゃくは塩もみしてお湯をくぐらせておく。

④ ごぼうはささがきにして水にさらし、にんじんはいちょう切り、大根は色紙切り、水菜は3cm幅に切っておく。

⑤ ①に火をつけ、沸騰してしばらくしたら、いりこを取り出し猪肉を入れ、よく煮込む。にんじん、ごぼう、こんにゃく、大根を順に入れ、野菜が煮えたらアクを取る。

⑥ 豆腐、まいたけの順位に入れ、火を通しみそを溶き入れ、味をととのえる。

⑦ 仕上げに水菜を散らす。

エネルギー 116kcal 蛋白質 7.9g 脂肪 5.8g 塩分 1.3g

【猪肉】

兵庫県丹波地方は静岡の天城山と岐阜郡上に並ぶ猪肉の三大名産地の一つです。昼夜の寒暖差と濃い霧に育まれた良質な栗などを餌とする篠山の猪肉は、甘みのある脂と引き締まった肉が特長です。

エネルギー	蛋白質	脂肪	塩分
213kcal	17g	6.8g	2.2g

【鮭】

鮭はたんぱく質が多く含まれています。鮭の赤い色は体内でビタミンAとして働き、がんを予防してくれます。紅鮭とは最も身の赤みが濃く、赤みが強いほどおいしいといわれています。鮭の中で一番味が良いとされています。

鮭のちゃんちゃん焼き

材料 (4人分)

紅鮭 (生)	3～4切れ	エリンギ	2個	濃口しょうゆ	
キャベツ	1/4個	油	適量		小さじ2
たまねぎ	1個	みそ	大さじ3	酒	大さじ1
にんじん	1/3本	砂糖	大さじ2	バター	大さじ1
ピーマン	2個	本みりん	大さじ1		

作り方

① 鮭はさっと洗って、一切れを3等分に切り、酒をふっておく。

② キャベツはひとくち大、たまねぎ・エリンギは薄切り、にんじん・ピーマンは千切りにする。

③ 調味料を混ぜて味をみておく。

④ ホットプレートに油を熱し、鮭の身を並べる。鮭の周囲や上に野菜を盛って、合わせ調味料とバターをのせる。

⑤ ふたをして約10～15分蒸し焼きにする（時々混ぜ、むらなく焼けるようにする）。

アドバイス

＊ホットプレートまたは大きめのふたつきフライパンで調理してください。

＊野菜が多い場合は調味料を増やしてください。

＊白菜・ほうれん草・もやし・じゃがいも・かぼちゃなどを入れてもおいしいです。

エネルギー	蛋白質	脂肪	塩分
60kcal	3.1g	4.3g	1.0g

大根葉のふりかけ

材料 (4人分)

しらす干し	30g	塩	小さじ1/2	かつお節 (パック)	2袋
酒	小さじ1	薄口しょうゆ	大さじ1	炒りごま	小さじ2
大根の葉	200g	本みりん	小さじ1		

作り方

① しらす干しは酒をふってカリカリになるまで炒りつける。

② 大根の葉は細かく刻んで塩をもみこみ、しばらくおく。

③ 大根の葉は水気をしっかりしぼってフライパンで炒りつけ、ぱらっとしてきたら薄口しょうゆと本みりんで味をつける。

④ すべての材料を合わせて仕上げる。

【大根の葉】

カルシウムをはじめとするミネラルを多く含んでいますので、葉もおいしく食べて下さい。

はりはり漬け

材料（4人分）

切り干し大根	12g	調味液 A	
きゅうり	100g	砂糖	小さじ1
しらす干し	20g	うす口しょうゆ	
酒	少々		小さじ1
油	少々	酢	小さじ2
ごま	4g		

エネルギー	蛋白質	脂肪	塩分
37kcal	2.8g	1.0g	0.5g

作り方

① しらす干しは酒をふり、油でカリッとするまで炒める。

② 切り干し大根はもどし洗いし、ゆでる。ゆで過ぎないように水気を切る。

③ きゅうりは千切りする。

④ ごまを煎る。

⑤ ①②③を調味液Aで和え、④のごまをふる。

【切り干し大根】

収穫した大根を洗ってから細く切り、干して乾燥させたものです。干すことで長く保存でき、栄養価が増します。甘みやうま味も濃くなります。

きんぴら大豆

材料（4人分）

大豆(乾燥)		ごぼう	80g	砂糖	小さじ2
	35g(水煮なら100g)	つきこんにゃく	40g	本みりん	小さじ1
豚肉	60g	油	小さじ1	ごま油	小さじ1/2
にんじん	40g	濃口しょうゆ	大さじ1	いりごま	小さじ1

エネルギー	蛋白質	脂肪	塩分
130kcal	6.4g	7.1g	0.7g

作り方

① 大豆はさっと洗って一晩水につけておき、3倍量の水とともに鍋に入れて弱火でじっくり柔らかくなるまで煮る。

② 豚肉は一口大に切る。にんじん太めのせん切り、ごぼうは太めのささがきにして水にさらしておく。つきこんにゃくは熱湯であく抜きして冷ましておく。

③ 厚手の鍋に油を熱し、豚肉を入れて炒める。全体がほぐれて色が変わるまで炒めたら、にんじん・ごぼう・つきこんにゃくを入れてさらに炒める。

④ 野菜に火が通ったら①の大豆・調味料を加えて炒りつけ、香り付けのごま油といりごまを加える。

アドバイス

＊水煮の大豆を使うときは①を省略して②から始めます。・糸こんにゃくでもよいのですが、つきこんにゃくのほうがかみごたえがあります。

ほうとう

材料 (4人分)

ほうとう(ゆで)	200g	うす揚げ	1枚	みそ	大さじ2 1/2
豚肉	80g	大根	1/10本	いりこ	6尾
酒	適量	しめじ	20g	水	400cc
かぼちゃ	1/16個	ねぎ	1/2本		

作り方

① 豚肉は2センチ幅に切って、酒をふっておく。

② かぼちゃ、うす揚げ、大根は短冊切りにする。

③ しめじはほぐしておき、ねぎは小口切りにする。

④ いりこを水から入れて火にかけ、だしをとる。

⑤ 豚肉、野菜を入れ、アクを取りながら煮る。

⑥ やわらかくなったら、みそで味付けをする。

⑦ ほうとうを加えて煮込み、ねぎを散らす。

エネルギー 198kcal	蛋白質 8.4g	脂肪 7.3g	塩分 1.5g

【ほうとう】

もともとは、中国大陸から伝わったもので、武田信玄が材料を宝刀で切って作ったことから「ほうとう」として広まったという説があります。麺は小麦粉をぬるま湯でこねて薄く伸ばし、うどんよりやや広めの幅に切って、茹でずにそのまま使い、味はみそでつけます。具は野菜を中心にきのこ、豚肉、油あげなど好みのものを入れます。

クーブイリチー

材料 (4人分)

豚肉	100g	油	小さじ1 1/2	酒	少々
糸切り昆布	4g	砂糖	小さじ3	ごま油	少々
切り干し大根	1/3袋	濃口しょうゆ			
糸こんにゃく	50g		小さじ1 1/2強		

作り方

① 切り干し大根を水で戻しておく。

② 糸こんにゃくは塩でもみ、ゆがいておく。

③ 昆布はさっと洗ってざるにあげておく。

④ 鍋に油を入れ、豚肉を炒め、糸こんにゃく、切り干し大根、昆布を入れて炒め、味付けする。仕上げにごま油を入れる。

エネルギー 116kcal	蛋白質 5.1g	脂肪 7.6g	塩分 0.5g

ラタトゥユ

材料 (4人分)

なす	35g	にんにく	1かけ	ワイン	少々
ズッキーニ	50g	トマト	35g	塩・こしょう	少々
たまねぎ	50g	オリーブオイル	適量		
赤ピーマン	35g	ケチャップ	16g		

作り方

① なす、ズッキーニ、たまねぎ、赤ピーマンは1cm角に切る。

② トマトを湯むきし、種を取り除いた後、適度な大きさに切る。

③ にんにくはみじん切りにし、オリーブオイルに漬けておく。

④ 鍋に③を入れ、弱火で炒め、たまねぎ、トマト、なす、ズッキーニ、赤ピーマンを炒める。

⑤ 塩・こしょう、ケチャップで味付けし、煮込む。

 エネルギー 113kcal 蛋白質 2.7g 脂肪 3.2g 塩分 0.7g

さわらのチョリム

材料 (4人分)

さわら(切り身)	4切れ	砂糖	大さじ2
にんにく	ひとかけら	酒	大さじ1
しょうが	ひとかけら	本みりん	大さじ1
濃口しょうゆ	大さじ2	水	1カップ
コチュジャン	大さじ1		

作り方

① にんにく、しょうがはみじん切りにする。

② 鍋に水と調味料と①をいれて煮たせ、さわらの皮を上にして入れる。

③ 落しぶたをして弱火で20分ほど煮る。

 エネルギー 170kcal 蛋白質 15.1g 脂肪 6.6g 塩分 1.7g

【 さ わ ら 】

チョリムとは韓国・朝鮮語で煮込むという意味です。和食の煮魚とは、また違った味を楽しめます。さわらは、春になると瀬戸内海に産卵にやってきます。そこから、鰆という漢字があてられたそうです。おいしくなるのは、10月から3月で、冬のさわらは「寒鰆」といって、関東では好まれて食べられます。長とともに呼び名が変わります。関西では40〜50cmのものは「さごし」、50〜60cmのものは「やなぎ」、それ以上のものを「さわら」と呼びます。

エネルギー 101kcal ／ 蛋白質 6.3g ／ 脂肪 6.8g ／ 塩分 0.8g

たけのこのピリ辛炒め

材料（4人分）

豚肉（薄切り）	100g	油	適量	濃口しょうゆ	
キャベツ	3枚	塩	適量		大さじ1
たけのこ	1/4個	こしょう	適量	酒	小さじ1
にんにく	1かけ			豆板醤	少々

作り方

① 豚肉、キャベツ、たけのこはひとくち大に切ります。にんにくはみじん切りにします。

② フライパンに油をひいて熱し、にんにくをいれます。豚肉、たけのこ、キャベツの順に入れ、炒めます。

③ 調味料で味をつけ豆板醤で辛味をつけます。辛さはお好みで調整してください。

【たけのこ】

たけのこは「竹の子」とも「筍」とも書きます。孟宗竹は地面から顔を出してから2週間もすると、かたい竹になってしまいます。そのため竹の子どもという意味で「竹の子」といいます。筍という字をあてるのも、一旬（10日間）で竹になるほど成長が早いからです。芽を出す直前の土の中のものを掘り出してとると、おいしいです。鮮度が命ですので、掘ってきたり、買ってきたりしたらその日のうちにゆでましょう。食物せんいがたっぷりで、おなかの調子がよくなります。

エネルギー 107kcal ／ 蛋白質 7.1g ／ 脂肪 2.7g ／ 塩分 1.5g

五目きんぴら

材料（4人分）

鶏肉	100g	糸こんにゃく	40g	濃口しょうゆ	大さじ2
酒	少々	ごぼう	1/2本	砂糖	大さじ1
にんじん	1/2本	れんこん	1/2本	本みりん	大さじ1
ちくわ	1本	油	適量	一味唐辛子	少々

作り方

① れんこんはスライス、ごぼうは厚めのささがけにする（酢水につけておく）。

② にんじんは千切りにする。

③ 糸こんにゃくは食べやすい長さに切り、下ゆでしてあく抜きをする。

④ ちくわは食べやすい大きさに切る。

⑤ 鶏肉を炒め、あくを取ったら、火の通りにくい食材から炒めていく。

⑥ 炒まれば、砂糖、しょうゆ、みりんで味付けをする。

⑦ 仕上げに一味唐辛子を入れる（ごまを入れてもおいしい）。

ビーンズサラダ

材料（4人分）

		A調味料		Bドレッシング	
金時豆（乾燥）	40g	油	小さじ1	薄口しょうゆ	小さじ1
ツナ（オイル漬け）	80g	リンゴ酢	小さじ1	酢	小さじ1
キャベツ	1/4本	塩	少々	砂糖	少々
にんじん	1/4本	こしょう	少々	こしょう	少々
塩	少々				
マヨネーズ	適量				

作り方

① 一晩漬けておいた金時豆をやわらかくなるまで湯がく（皮が破けないように弱火）。

② ツナは油を切っておく。

③ キャベツは1cm角、にんじんはキャベツに合わせた大きさのいちょう切りにし、塩でしんなりさせ水気を切る。

④ ①が柔らかくなれば、豆を取り出し、Aで味をつけながら冷ます。

⑤ ②③④を合わせ。Bのドレッシングで和える。

⑥ マヨネーズはお好みで。

エネルギー 168kcal ／ 蛋白質 6.7g ／ 脂肪 11.1g ／ 塩分 0.9g

五目豆

材料（4人分）

鶏肉	100g	ごぼう	100g	砂糖	大さじ1強
酒	少々	ちくわ	1本	本みりん	少々
大豆	80g	角切り昆布	3g	水またはだし汁	
にんじん	100g	油	大さじ1		1/2カップ
こんにゃく	100g	濃口しょうゆ	大さじ1		

作り方

① 一晩漬けておいた大豆をやわらかくなるまでゆでる。

② にんじん、こんにゃく、ごぼう、ちくわは大豆にあわせて1cm角くらいのさいの目切りにする。ごぼうは水にさらしておく。

③ 鶏肉に酒を振りかけ、くさみをとる。

④ 油を熱し鶏肉を炒め、火が通ったらごぼう、にんじん、こんにゃくの順に加えて炒める。

⑤ ④に水気を切った大豆、水（またはだし汁）と砂糖を加え、あくを取りながらしばらく煮る。

⑥ 煮立ったら弱火にして10分間程度煮る。

⑦ しょうゆを加え、煮汁が少なくなるまでさらに煮含めみりんを入れて仕上げる。

アドバイス

＊乾燥大豆の代わりに大豆水煮を使用するときは、120g程度使ってください。火を止めてから冷める間に調味料が具材にしみこみ、味がなじんできます。

エネルギー 195kcal ／ 蛋白質 13.6g ／ 脂肪 8.3g ／ 塩分 0.9g

学校給食ができるまで

献立 ごはん　牛乳　かきたま汁　かぶのそぼろ煮　味付けのり

給食ができるまで

調理前のミーティング。1日の仕事の内容を確認します。

しっかり手を洗い、必ずアルコールで手を消毒します。

下処理室での作業

下処理室では、野菜の皮むきと洗浄を行います。かぶのそぼろ煮のかぶの皮むきを行っているところです。

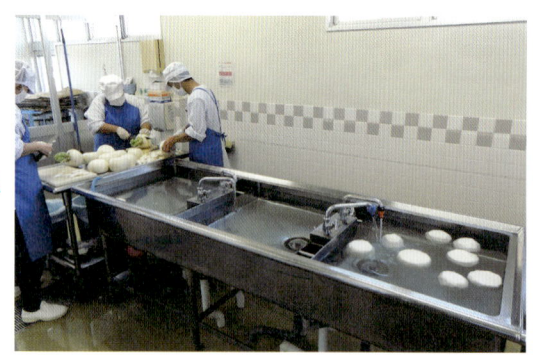

野菜は3つの水槽で3回洗浄します。

下処理（皮むき、洗浄）後のかぶです。玉ねぎにんじんも同様に皮をむいて3回洗浄します。

かきたま汁で使用する卵を、1つずつ卵の状況を確認しながら割っていきます。

にんじんを切っていきます。

裁断後のにんじんです。

一部の学校では、にんじんなどの野菜を、切り抜き器を使って、ハート型や動物の形に切り抜いています。

型抜きしたにんじんです。このにんじんがかきたま汁に入っています。

かきたま汁
ガス回転釜でだしをとります。まずはサッと洗った昆布を水に漬けておきます。

かきたま汁
ゆっくり加熱し、沸騰する直前に昆布を取り出し次は、だし袋に入れたけずり節を入れます。

かぶのそぼろ煮
鶏肉ミンチに火が通ってからかぶを入れて、さらに炒めていきます。

かぶのそぼろ煮
でんぷんでとろみをつけ、温度確認をして出来上がりです。※75℃で1分間以上

かきたま汁
だしの量を計っています。

かきたま汁
にんじん、玉ねぎを入れて煮込みます。野菜が煮えたら調味料で味付けします。

かきたま汁
卵を入れる前に、卵の除去食用を別の鍋に取ります。

『かきたま汁』の卵の除去食
取り分けた除去食を仕上げます。

かきたま汁に卵を入れていきます。卵が固まらないよう、かき混ぜながら入れます。

温度確認をして出来上がり。

次に、出来上がったかぶのそぼろ煮をクラスの人数分の重さを計りながら配缶します。

出来上がったかきたま汁をクラスごとに取り分けます。

献立ごとに保存食を取ります。これは、食中毒等の事故が発生した場合の原因を究明するために、2週間マイナス20℃の以下の冷蔵庫で保存します。

おいしい給食の出来上がりです。

たからづか西谷太ねぎ

　歌劇のイメージが強い宝塚ですが、宝塚市の北部は豊かな自然や田園風景が残っています。

　この北部に位置する西谷地区は、山間部なので、寒暖の差があり、美味しい野菜や米が育ちます。

　『たからづか西谷太ねぎ』は、霜にあたる12月～2月ごろに旬を迎え、普通の白ねぎとは違い、葉の部分までとてもやわらかく絶品です。

　鍋物料理だけでなく、天ぷらやチャーハン、親子丼など、さまざまな料理との相性が抜群です。

　また、寒さにあたればあたるほど、甘み成分であるムチンが生成されるので、まさに西谷地区の寒さを活かした栽培により、甘くやわらかで美味しく育つ太ねぎといえるでしょう。

　現在、宝塚市が取り組んでいる宝塚ブランド「モノ・コト・バ宝塚」にも選定され、宝塚の特産化を目指している農産物のひとつです。

　平成24年からは宝塚市内の小・中学校の学校給食（地産地消給食）でも取り入れており『たからづか西谷太ねぎ』を使った「すきやき」は子どもたちにも人気の献立となっています。

学校給食の放射線量の測定

　小学校、中学校、特別支援学校において提供している学校給食の食材に関しては、保護者をはじめとする市民の関心も非常に高いことから、食材への不安を取り除き、食の安全を提供するため、学校給食における放射線量を測定し、その結果を公表しています。

○検査機器

　　NaI(TI) シンチレーション検出器（応用光研工業㈱製）

　　　　測定核種　　　放射性ヨウ素 131、放射性セシウム 134、137

　　　　検出限界値　　10Bq/kg 又は L(1,000 秒で測定)

　　　　　　※ 4,000 秒で 5Bq まで測定可能

鉛遮蔽体……検査する食材を入れます。

測定結果……パソコンで測定結果を確認します。

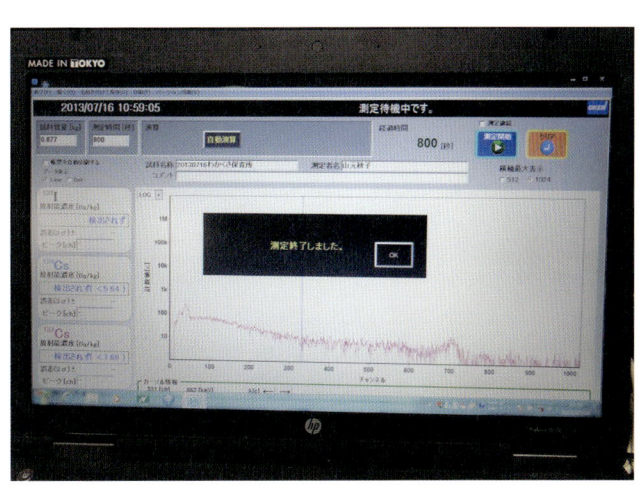

学校給食は教育の一環です

インタビュアー　寺内順子

「単なるお昼ごはん」ではない学校給食

寺内順子　学校給食の実務を担当してきた職員として、中川市長になり何が大きく変わったと考えていますか。

担当者　学校給食が大切なんだと、市長自ら言っていただくと、調理員の意識から大きく変わってきます。学校給食の重要性は理解されていますが、その運営主体については人件費等の経費を削減するため、業者委託の検討を求められる声もありました。でも、宝塚市のおいしい学校給食は、子ども達の学校生活の楽しみの一つでもあります。子どもの命を育む学校給食として、大切にしていただいている中川市長には本当に感謝しています。

　また、学校給食には色んな可能性があります。宝塚市では、年間約8億円の給食費を保護者から徴収しており、給食の食材を購入していますが、この8億円の使い方も工夫一つで、社会的に貢献することが出来ます。

「給食の社会化」をめざして

寺内　保護者から徴収する給食費の8億円がどのように使われるのですか？

担当者　一般的には給食物資の購入は、市内業者を中心に発注しています。宝塚市では、これに加えて、障がい者の皆さんが作られた野菜を購入しています。出来る限り多くの野菜を作っていただき、まとめて購入します。この他、地元の西谷産野菜はもとより、同じ兵庫県の養父市のシルバー人材センターとも提携して、養父市の野菜を購入しています。この野菜の運搬は宝塚市のシルバー人材センターにお願いしています。

　こうした取り組みにより、障がい者の方々や高齢者の皆さまのお仕事に繋がっていきます。これを広げることが出来れば、障がい者や高齢者の雇用にも繋がり、学校以外にも大きな効果が生み出されます。これを給食の社会化と呼んでいますが、同じような取り組みを他の自治体でも進めてほしいと思います。

寺内　お米はどこの米ですか。

担当者　お米は兵庫県産米を使用しています。年に5～6回は市内産の米を使用しますが、その日は、市の農政部局やJA兵庫六甲と連携して、宝塚市の農村部である西谷地域の野菜を集中的に使用する「地産地消給食」を実施しています。夏にはナスやトマトを使った夏野菜カレーや秋にはさつまいもを使ったさつま汁、冬には西谷特産のたからづか西谷太ねぎを使ったすきやきなど、地元の野菜を使った季節の献立で子ども達も大喜びです。

市民向けに大試食会を開いて

寺内　学校給食への理解を市民の中に広めるための活動も盛んですね。

担当者　「学校給食を食べていたら大丈夫」だと言われることがありますが、これには大きな誤解があります。年間180回しか食べません。それは1年間の朝昼晩3食で約1,100回です。全体の2割にも満たない回数です。また、栄養価はバランスが良いとは言うものの1日に必要な栄養価の3分の1から2分の1程度です。だから、子ども達の栄養面を考えると、やはり家庭での食生活が重要になります。いかに意識をもってもらうのかということで保護者の方たちにも学校給食を一つの手本として、参考にしていただければいいかと思っています。こうした学校給食を知っていただこうとして大試食会を開きました。

　すると意外と、おじいちゃん、おばあちゃんなど、給食の経験のない世代の方たちも来られて、給食とはこんなものかということが初めて分かったとか、また、給食経験のある父母世代は、昔と今の給食の違いを体験して気づき、そんなことから子どもたちと食に関することで家庭で話題にしてもらえれば、これも小さな一歩ではないかと思います。

　ただ課題は、そういうことを話題にしてもらえる家庭は、そもそも食に関心があった方たちなので、そうでない関心のない人たちにこれからどう振り向いてもらえるようにするのかが大きな課題ですね。

寺内　私から見れば、宝塚の人たちは食育に関心が高そうに思いますが、そうでもないのですか？

担当者　一般的には関心が高いと思いますが、まだまだそうでない人たちにどうすれば振り向いてもらうかが課題です。

寺内　宝塚市が発行された「給食レシピ集」の反応はいかがですか？

担当者　新聞の全国版で紹介されましたので、すぐに宝塚市内はもとより、遠くは青森からも送って欲しいというようなたくさんの依頼があり、もう10,000部はお配りしました。

センター方式よりも自校方式へ

寺内　このレシピ集を見ても、私は宝塚市の給食は日本一だと思っています。

大阪市はランチボックス弁当なので、運動している中には、「せめてセンター方式にしてほしい」という、それならまだましじゃないかという声がありますが、私は「センターではなく、自校方式というもっと上を目指さないと」って言っています。

担当者　給食は、調理後2時間以内に食べなければなりません。給食センターの場合は、配達

※2017年現在は100万アクセス

する時間も計算に入れながら調理しなければ、この2時間を超してしまうことになります。また、献立についても、ある程度の時間が経過してもおいしい献立でなければなりません。色んな制約が出てきます。そこをクリアーするために、それぞれの自治体の給食関係者は苦労されていると思います。幸い、宝塚市は自校方式であるため、出来立てのおいしい給食を子ども達に提供することができます。毎日、4時間目の終了時刻に合わせて仕上げています。出来れば自校方式で取り組んでほしいですね。

調理員と子どもたちの関わり

担当者　ただ、センター方式にすると最初に建設費として高額な経費が必要となりますが、調理員の数が少なくてすむため、人件費が抑制されます。そのため、多くの自治体がセンター方式による中学校給食を進めています。宝塚市の場合、例えば毎年4月、小学校では新1年生を迎えますが、入学当初は慣れない学校生活の中、給食が始まります。担任の先生だけでは給食指導が追いつきません。こんな時に調理員さんが1年生の教室に入り、担任の先生の補助として給食指導に加わります。だから、宝塚市では給食の先生として名前で呼ばれています。この他、給食の時間は各教室を見て回り、献立の説明をしたり、子どもたちに感想を聞いて回っています。ちょっとしたことですが、子どもたちの食への関心を高める要因にもなっています。

自治体始めてのクックパッド活用例

担当者　宝塚市では、給食のレシピを料理検索サイトのクックパッドに掲載しています。これは自治体では初めての取り組みでした。掲載した当初のアクセス数は非常に少なかったのですが、この取り組みが新聞で取り上げられ、さらにインターネットニュースにも取り上げていただいたこともあいまって、一気にアクセス数が増え、1年も経たずに80万アクセスに上りました。今では宝塚市が先例となって、多くの自治体がレシピを掲載しています。

クックパッドのホームページから

「民間委託へ」の声に動じなかった市長

寺内　市長への就任当初は、市議会でも民間委託を望む声が大きかったと聞いています。学校給食を委託する自治体が増える中、どのようにして直営を維持してきたのですか？

担当者　自校直営方式は市長のポリシーですね。子ども達の健やかな成長を守るためには、どうしても自校直営でなければならないと、いつもおっしゃっていました。その分、給食を担当する職員にはプレッシャーがかかりますね。絶対に悪いものは出せませんから。おい

しくて当たり前です。そういう意味でも日本一を目指して取り組んできた訳です。

手作りの出汁袋を作るなど、熱心な調理員

寺内　調理員さんのことをお聞かせ下さい。

担当者　宝塚市の学校給食で調理員さんの力は本当に素晴らしいですね。例えば、調理員さんのコダワリですが、料理は出汁が肝心なんです。出汁を取るときにいりこや削り節を入れる出汁袋を使いますが、この出汁袋の生地に着目し、一番出汁が出やすい「さらし」の出汁袋を使っています。全て調理員さんの手作りです。一番良いさらしを買い、ミシンを使って縫い合わせます。当然、出汁の取り方もしっかり研修を受けます。この他にも野菜の切り方にもこだわり、食材ごとに切り方を替えています。

寺内　では最後に、全国各地で学校給食行政に携わる方たちにメッセージをお願いします。

担当者　食生活の乱れや肥満、痩身(そうしん)傾向など、子どもたちの健康を取り巻く問題が深刻化しています。また、食を通じて地域等を理解することや、食文化の継承を図ること、さらには自然の恵みや勤労の大切さなどを理解するなど、学校においても積極的に食育に取り組んでいくことが重要となっています。

　こうした中、小中学校の義務教育において、育ち盛りの子どもたちの命や身体を育(はぐく)むこと、宝塚市の将来を担う子どもたちを健全に育成することは、行政の重要な責務であり、使命であると考えています。

　安全・安心かつ安定的な学校給食の提供、基本的な衛生についての理解や食への興味、関心を広げることを目的とした食育の推進の観点から、行政自らが、直営方式により、学校給食を提供していることには意義があり、また、作り手である調理員の顔が見え、児童・生徒と言葉を交わすなどの関係も意義深いものと考えています。

　一方、学校給食の運営は、市民の税金で賄われている以上、効率的で持続可能な運営が求められます。

　本市の給食事業では、調理員の配置基準を見直すなど総人件費の抑制に努めると同時に、経費以上の効果が発揮されるよう努めています。

　今、障がい者団体や県内のシルバー人材センターなどの高齢者団体が空き農地を活用した野菜作りに取り組んでいます。こうした野菜を学校給食に取り入れるなどの工夫により、学校給食の可能性がますます広がります。

　この他、家庭や地域を巻き込んで、食への関心を高めるため、ホームページやクックパッドなどを活用したレシピ紹介など、各自治体では様々な取り組みを進め、それぞれが日々、進歩しています。良い意味での自治体間競争にも発展しています。これは、それぞれの自治体が学校給食に関心を寄せている証だと思います。それぞれの自治体が切磋琢磨することにより、学校給食がより繁栄することを願っています。

宝塚市の学校給食の歴史

昭和32年（1957年）4 月	小浜小学校単独で完全給食を実施する。
昭和36年（1961年）4 月	宝塚小学校で完全給食を実施し、市内共同献立とする。
昭和37年（1962年）2 月	良元小学校で完全給食を実施する。
昭和38年（1963年）1 月	仁川小学校で完全給食を実施する。
昭和39年（1964年）3 月	宝塚第一小学校で完全給食を実施する。
昭和40年（1965年）4 月	宝塚市学校給食会を設立し、教育委員会内に事務局を置く。
昭和40年（1965年）5 月	宝塚第一中学校で本市中学校で初めての完全給食を実施する。
昭和40年（1965年）6 月	長尾小学校で完全給食を実施する。
昭和41年（1966年）5 月	宝塚中学校で完全給食を実施する。
昭和41年（1966年）6 月	西谷小学校と西谷中学校で完全給食を実施する。
昭和43年（1968年）9 月	長尾中学校で完全給食を実施する。（全ての小・中学校で完全給食を実施） ※その後、新設された小・中学校は、開校時から完全給食を実施する。
昭和44年（1969年）4 月	給食用ミルク（混合乳）を牛乳（全乳）に切り替える。
昭和49年（1974年）4 月	ポリプロピレン（PP）製のカラー食器に更新する。（年次計画）
昭和51年（1976年）4 月	市の財政健全化計画に基づき、4月から中学校3校（宝塚中、長尾中、宝梅中）の給食を民間委託とする。
昭和52年（1977年）4 月	前年度の中学校3校に引き続き、残りの中学校3校（宝塚第一中、高司中、南ひばりガ丘中）、計6校において給食を民間委託とする。（西谷中は除く）
昭和52年（1977年）9 月	月1回のアルファ化米による米飯給食を開始する。
昭和52年（1977年）11月	11月14日、中学校6校の民間委託を中止し、同時に中学校の給食も中止する。
昭和53年（1978年）2 月	2月1日、中学校に嘱託調理員制を導入する。 2月6日、中学校6校で直営方式により給食を再開する。
昭和54年（1979年）4 月	全校でポリプロピレン（PP）製のカラー食器に更新される。
昭和55年（1980年）4 月	アルファ化米による米飯給食を月2回実施する。
昭和56年（1981年）10月	業者への委託炊飯方式により、精白米から炊飯した米飯給食を週2回実施する。
平成 2 年（1990年）9 月	平成2年9月から平成3年2月までの間、宝梅中学校の給食室建替え工事に伴い、弁当（デリバリー）方式により給食を実施する。
平成 7 年（1995年）1 月	1月17日、阪神淡路大震災による炊飯機器損傷のため、米飯給食を中断する。また、学校の臨時休校に伴い、給食も中断する。（学校の再開にあわせて給食を再開する。）
平成 8 年（1996年）2 月	市外の炊飯業者により、米飯給食を再開する。
平成13年（2001年）1 月	良元小学校において給食室をドライシステム化する。 工事期間中は、校区が隣接する高司小学校の給食室において共同で調理し、運搬して良元小学校の児童に給食を提供した。
平成13年（2001年）11月	宝塚第一小学校の校舎建替えに伴い、給食室をドライシステム化する。
平成15年（2003年）4 月	宝塚第一中学校において給食室をドライシステム化する。
平成17年（2005年）4 月	仁川小学校の校舎建替えに伴い、給食室をドライシステム化する。
平成19年（2007年）4 月	長尾小学校の校舎建替えに伴い、給食室をドライシステム化する。 米飯給食を週あたり1回増加し、週3回で実施する。 年間給食実施回数を小学校で4回増の180回、中学校2回増の178回とする。 給食調理員に作業長・班長制度を導入する。
平成21年（2009年）1 月	1月30日（金）、31日（土） 　第1回宝塚市学校給食展を開く　〜宝塚市の給食を知ろう〜
平成22年（2010年）1 月	1月29日（金）、30日（土）　第2回宝塚市学校給食展を開く 　〜宝塚市の給食を知ろう〜　安全・安心とおいしさへのこだわり

平成23年(2011年)1月	自校に炊飯設備を整備して米飯を炊飯する自校炊飯方式のモデル実施を小学校5校(安倉小、中山桜台小、長尾台小、末広小、高司小)、中学校2校(高司中、中山五月台中)の計7校で実施する。	
平成23年(2011年)1月	1月29日(土)　第3回宝塚市学校給食展を開く 　～宝塚市の給食を知ろう～　給食で育む健康な体と豊かな心	
平成23年(2011年)3月	3月11日発生の東日本大震災の被災者支援として、給食調理員により3月25日(金)から28日(月)までの4日間(現地2日間)、4月1日(金)から4日(月)までの2次に渡って、豚汁の炊き出し支援を実施する。(岩手県大船渡市)	
平成23年(2011年)9月	自校炊飯のモデル実施に引き続き、小学校7校(小浜小、末成小、逆瀬台小、中山五月台小、美座小、すみれガ丘小、山手台小)、中学校5校(宝梅中、安倉中、御殿山中、光ガ丘中、山手台中)、計12校で自校炊飯を実施する。	
平成24年(2012年)1月	1月28日(土)　第4回宝塚市学校給食展を開く 　～宝塚市の給食を知ろう～　給食で育む健康な体と豊かな心	
平成24年(2012年)4月	4月1日、学校給食の充実を図るため、教育委員会事務局管理部管理室内に「おいしい学校給食担当」を設置し、担当課長と担当副課長を配置する。	
平成24年(2012年)4月	学校給食、保育所給食等の放射線量を測定するため、放射能測定器を購入し、市役所庁舎内の公害検査室に設置する。 4月11日、学校給食、保育所給食等の放射線量の測定を開始し、測定結果を市のホームページで公表する。	
平成24年(2012年)9月	小学校2校(西谷小、西山小)、中学校2校(西谷中、南ひばりガ丘中)、特別支援学校1校の計5校で新たに自校炊飯を実施する。	
平成25年(2013年)1月	1月26日(土)　第5回宝塚市学校給食展を開く 　～宝塚市の給食を知ろう～　給食で育む健康な体と豊かな心	
平成25年(2013年)9月	小学校2校(宝塚小、安倉北小)、中学校1校(宝塚中)の計3校で新たに自校炊飯を実施する。	
平成26年(2014年)1月	1月25日(土)　第6回宝塚市学校給食展を開く 　～宝塚市の給食を知ろう～　給食で育む健康な体と豊かな心	
平成26年(2014年)7月	7月27日(日)　トリプル周年記念事業　学校給食で人気№1 「宝塚学校給食カレー」大試食会の開催　市立末広中央公園(2,600人来場)	
平成26年(2014年)9月	小学校3校(長尾南小、光明小、丸橋小)、中学校1校(宝塚第一中)の計4校で新たに自校炊飯を実施する。	
平成26年(2014年)11月	11月13日(木)　トリプル周年記念事業　「程さんのおいしい学校給食」を開催 宝塚市大使で料理研究家の程一彦さんプロデュースの学校給食を全校で実施	
平成27年(2015年)1月	1月24日(土)　第7回宝塚市学校給食展を開く 　～宝塚市の給食を知ろう～　給食で育む健康な体と豊かな心	
平成27年(2015年)9月	中学校1校(長尾中)で新たに自校炊飯を実施する。	
平成27年(2015年)11月	11月7日(土)　宝塚市のおいしい学校給食大試食会を開催 市立末広中央公園(3,500人来場)	
平成28年(2016年)1月	1月23日(土)　第8回　宝塚市学校給食展を開く　宝塚市の給食を知ろう 　～給食で育む健康な体と豊かな心～　子どもたちの豊かな未来のために	
平成28年(2016年)3月	学校給食会を解散する。	
平成28年(2016年)4月	学校給食費の公会計化を開始する。	
平成28年(2016年)9月	小学校1校(良元小)で新たに自校炊飯を実施する。	
平成28年(2016年)1月	1月23日(土)　第8回　宝塚市学校給食展を開く　宝塚市の給食を知ろう 　～給食で育む健康な体と豊かな心～　子どもたちの豊かな未来のために	
平成29年(2017年)1月	1月21日(土)　第9回　宝塚市学校給食展を開く　宝塚市の給食を知ろう 　～見直そう、食と未来と私たち～	
平成29年(2017年)9月	小学校1校(仁川小)で新たに自校炊飯を実施する。	
平成30年(2018年)1月	1月20日(土)　第10回　宝塚市学校給食展を開く 宝塚市の給食を知ろう～給食で育む健康な体と豊かな心～	

「おいしい！」の笑顔で育てる TAKARA っ子

〜おわりに〜

〜自校調理場方式だから実感できる学校給食〜

　宝塚市では、各学校に給食室を整備する「自校調理場方式」により、学校給食を提供しています。この方式の利点はいくつかありますが、何よりも子どもたちが調理過程を実感できるすばらしさがあります。

　1時間目と2時間目の業間休みでは、給食室から包丁の音が聞こえてきます。そうです。野菜を一つひとつ丁寧に切っている音です。

　2時間目と3時間目の業間休みでは、だしを取る匂いが窓から入ってきます。

　3時間目と4時間目の業間休みでは、炒める油や調味料の香ばしい匂いがします。

　待ちきれない子どもたちは、給食室の前で様子を伺っています。

　4時間目の授業中には、匂いで献立が分かります。もう給食が待ち遠しくてなりません。

　出来立ての料理を提供するため、4時間目終了時に合わせて仕上げています。

　「温かいものは温かく、冷たいものは冷たく提供」するためです。

　こうして、子どもたちは朝から学校給食を実感しています。だから給食が楽しみになるのです。

〜手間暇惜しまず愛情たっぷりの学校給食〜

　学校給食は大量に調理するため、野菜の皮むきや裁断で、専用の機器を使用することが多いのですが、宝塚市では、野菜の持つ一つひとつの特徴を活かすため、出来る限り「手切り」に努めています。

　また、一部の学校ではウサギやモミジなどの形に型抜きして、苦手な野菜が克服できるような工夫を凝らすなど、楽しく、おいしく食べられる学校給食の提供に努めています。

〜子どもたちとつながる「食」の「先生」〜

　宝塚市のある学校では、給食調理員が朝、子どもたちの登校時間に合わせて校門前に立ち、その日の給食の残量0を呼びかけています。給食時間に各教室を回り、当日の献立の説明や調理のコツ、苦労話などを語りかけたりもします。クリスマスや卒業の時など節目になるときには「給食室からのメッセージ」を子どもたちに贈ります。

　このように、宝塚市の給食調理員は、子どもたちと触れ合い、顔の見えるつながりを作りながら毎日がんばっています。ですから、子どもたちは「調理員さん」ではなく、「先生」と呼びます。教職員の一員として、子どもたちの健やかな成長を見守りながら、「食」を通した教育を実践しています。宝塚市の「子どもたちの命を育む給食」がここにあります。

　「おいしい！」と笑顔でいっぱいの宝塚の子どもたちを育てたい。このレシピ集はそんな思いのこもった、こころの献立です。

T．T筆

宝塚市のあらまし

ギフチョウ

宝塚市がどんなまちかご存じでしょうか？
歌劇のまち、温泉のまち、住宅都市……それだけではありません。
宝塚市は、そのほかにもさまざまな魅力と個性に輝いています。

まちの位置

南部市街地

・面　　積：101.89 平方キロメートル
・位　　置：東経 135°21'36"、北緯 34°47'58"
・広がり：東西 12.8 キロメートル、南北 21.1 キロメートル

宝塚市は兵庫県南東部に位置し、市域は南北に細長く、住宅地が広がる南部市街地と、豊かな自然に囲まれた北部田園地域から成っています。
市街地から大阪や神戸へはいずれも電車で 30 分ほど。年間を通して多くの観光客が訪れます。

国際観光都市・宝塚

宝塚大橋から見た宝塚大劇場

宝塚には、年間 877 万人もの観光客が訪れます。「歌劇と温泉のまち」として知られているほか、安産祈願の中山寺や、かまどの神様として有名な清荒神清澄寺など、市内には古い歴史を持つ神社仏閣が数多くあります。
このほか、阪神競馬場やゴルフ場など観光・レジャースポットがいっぱい。
豊かな自然に囲まれたハイキングコースや、まちなみの散策も魅力の一つです。また、山本の植木産業は数百年の歴史があり、伝統的植木生産地域としてその名を全国に知られています。

震災と復興

花のみち周辺地区

平成 7 年 1 月 17 日に発生した阪神・淡路大震災は、私たちのまちに甚大な被害をもたらしました。阪急宝塚駅近くなどでは震度 7 を記録。全半壊家屋は約 1 万 3 千棟を数え、118 人もの尊い命が犠牲になりました。
市内各地域の復興プロジェクトを順次進め、安全・快適でこれまで以上に魅力あるまちへと取り組みを進めています。

宝塚市の概要・要約版

項　目		名称・内容	制定・締結等年月日
市民憲章		宝塚市民憲章	昭和 44 年（1969 年）5 月 1 日
都市宣言		安全都市宣言	昭和 37 年（1962 年）6 月 28 日
		非核平和都市宣言	平成元年（1989 年）3 月 7 日
		男女共同参画都市宣言	平成 6 年（1994 年）10 月 21 日
		人権尊重都市宣言	平成 8 年（1996 年）3 月 5 日
		環境都市宣言	平成 8 年（1996 年）9 月 10 日
		健康都市宣言	平成 10 年（1998 年）9 月 8 日
市の花		スミレ	昭和 43 年（1968 年）3 月 1 日
市の木		サザンカ	昭和 43 年（1968 年）3 月 1 日
		ヤマボウシ	平成 7 年（1995 年）3 月 1 日
市の鳥		ウグイス、セグロセキレイ	平成 7 年（1995 年）3 月 1 日
市の歌		宝塚市歌	昭和 29 年（1954 年）4 月 1 日
姉妹都市提携	国内	島根県松江市	昭和 42 年（1967 年）8 月 1 日
	海外	オーガスタ・リッチモンド郡（アメリカ合衆国）	平成元年（1989 年）4 月 3 日 （平成 8 年〈1996 年〉7 月 29 日継続）
		ウィーン市第 9 区（オーストリア共和国）	平成 6 年（1994 年）10 月 18 日

・市 役 所 所 在 地　〒 665-8665 宝塚市東洋町 1 番 1 号
・市役所代表電話番号　電話：0797-71-1141
・市 制 施 行　昭和 29 年（1954 年）4 月 1 日

企画協力　宝塚市・宝塚市教育委員会
スタジオ　ピピアめふキッチンスタジオ
調理指導　横田節子
撮　　影　山本尚侍

子どもの元気育てる 宝塚の学校給食　おいしいレシピ＆ストーリー

2018 年 5 月 1 日　初版第 1 刷発行

編　　者　日本機関紙出版センター
発行者　坂手崇保
発行所　**日本機関紙出版センター**
　　　　〒 553-0006　大阪市福島区吉野 3-2-35
　　　　TEL 06-6465-1254　FAX 06-6465-1255
　　　　http://kikanshi-book.com/
　　　　hon@nike.eonet.ne.jp
本文組版　Third
編集　丸尾忠義
印刷・製本　シナノパブリッシングプレス
　　　　Ⓒ Nippon Kikanshi Shuppan Center 2017
　　　　Printed in Japan
　　　　ISBN978-4-88900-952-1

　　　　万が一、落丁、乱丁本がありましたら、小社あてにお送りください。
　　　　送料小社負担にてお取り替えいたします。